VIES ET OEUVRES

DES

PEINTRES LES PLUS CÉLÈBRES.

VIES ET OEUVRES

DES

PEINTRES LES PLUS CÉLÈBRES

DE TOUTES LES ÉCOLES;

RECUEIL CLASSIQUE,

CONTENANT

L'Œuvre complète des Peintres du premier rang, et leurs Portraits; les principales Productions des Artistes de 2e et 3e classes; un Abrégé de la Vie des Peintres Grecs, et un choix des plus belles Peintures antiques;

RÉDUIT ET GRAVÉ AU TRAIT,

D'après les Estampes de la Bibliothèque nationale et des plus riches Collections particulières;

Publié par C. P. LANDON, Peintre, ancien Pensionnaire du Gouvernement à l'Ecole Française des Beaux-Arts à Rome, Membre de plusieurs Sociétés Littéraires, Éditeur des Annales du Musée.

A PARIS,

Chez C. P. LANDON, rue de l'Université, N° 19, vis-à-vis la rue de Beaune.

IMPRIMERIE DE CHAIGNIEAU AÎNÉ.

1809.

SUITE

DE

L'OEUVRE DE RAPHAËL.

AVIS DE L'ÉDITEUR.

J'ai annoncé dans le prospectus de cet ouvrage que chaque volume serait composé de soixante-douze planches, dont quelques-unes, doubles, seraient comptées pour deux, selon l'usage. Le nombre prescrit se trouve complété dans ce volume, sixième de l'OEuvre de Raphaël, par quarante-deux planches simples, sept doubles, n°s 301, 302, 303, 304, 305, 306, 307, et deux octuples, n°s 299 et 300, ce qu'il est facile de vérifier par la dimension des sujets.

Mais afin que les Souscripteurs ne perdent pas de vue ce qui distingue les planches doubles, puisqu'elles sont sans pli ; je crois nécessaire de leur rappeler, comme je l'ai fait dans les volumes précédens, que l'ouvrage avait d'abord été annoncé sous un format in-quarto ordinaire, où les planches doubles eussent été pliées ; mais que depuis, pour éviter cet inconvénient, je me suis décidé à faire paraître ce recueil, sans néanmoins en augmenter le prix, sous un plus grand format, qui permît de placer les planches doubles sans les plier. Ce changement ajoute aux frais de l'édition ; mais comme il devait contribuer à l'agrément de l'ouvrage, je n'ai pas hésité à l'adopter.

On pourra remarquer dans l'OEuvre de Raphaël quelques planches dont le travail est moins détaillé, et même de légères incorrections ; mais si l'on considère que plusieurs ont été gravées soit d'après de simples croquis de la main de Raphaël, soit d'après de très-anciennes estampes, grossièrement exécutées, et les seules qui existent d'après des originaux qui ont disparu, on conviendra non-seulement que je ne pouvais me permettre d'y faire de trop nombreuses corrections ou additions, mais encore que les planches de ce recueil, gravées d'après de semblables modèles, leur sont préférables pour la précision des formes et la pureté du trait.

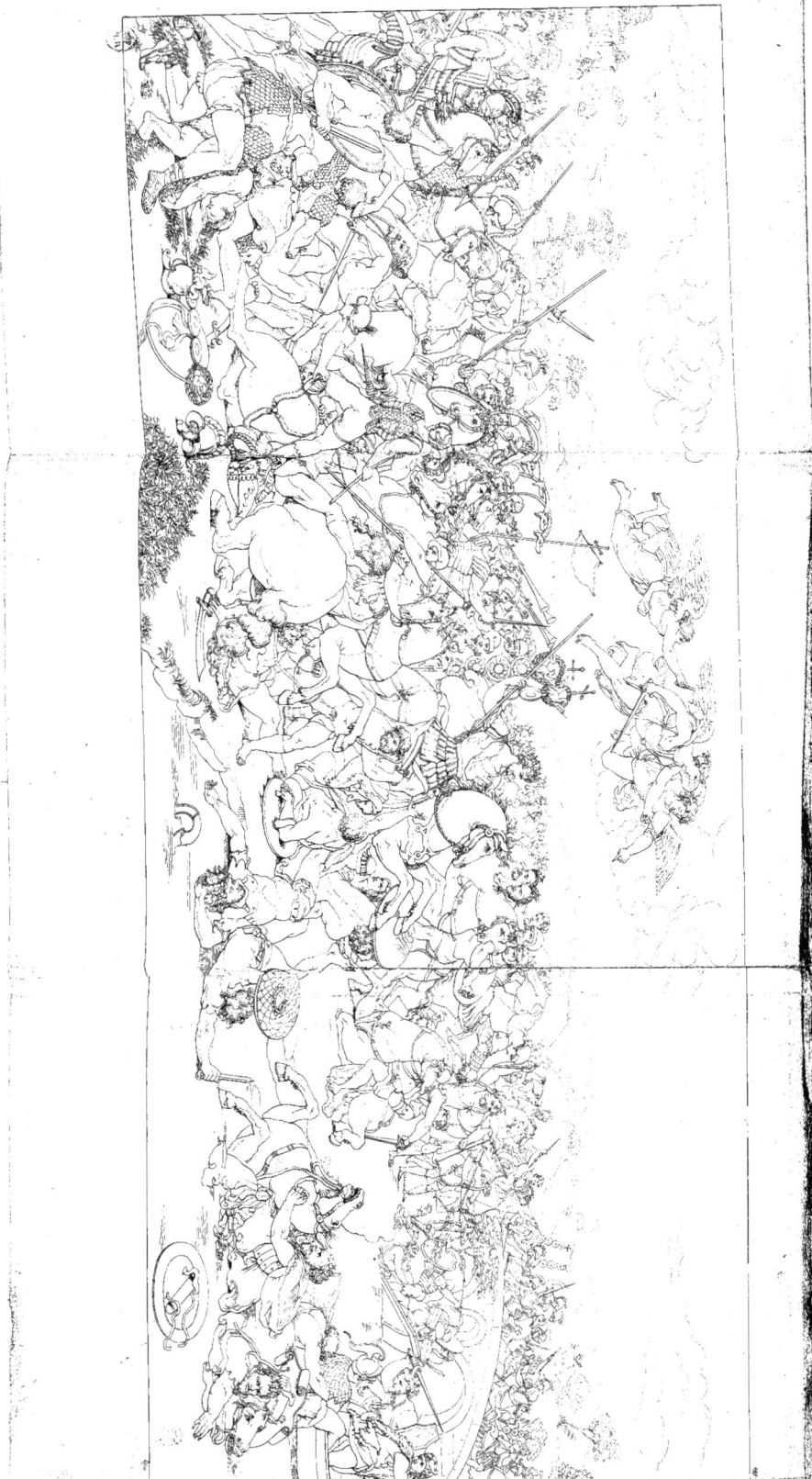

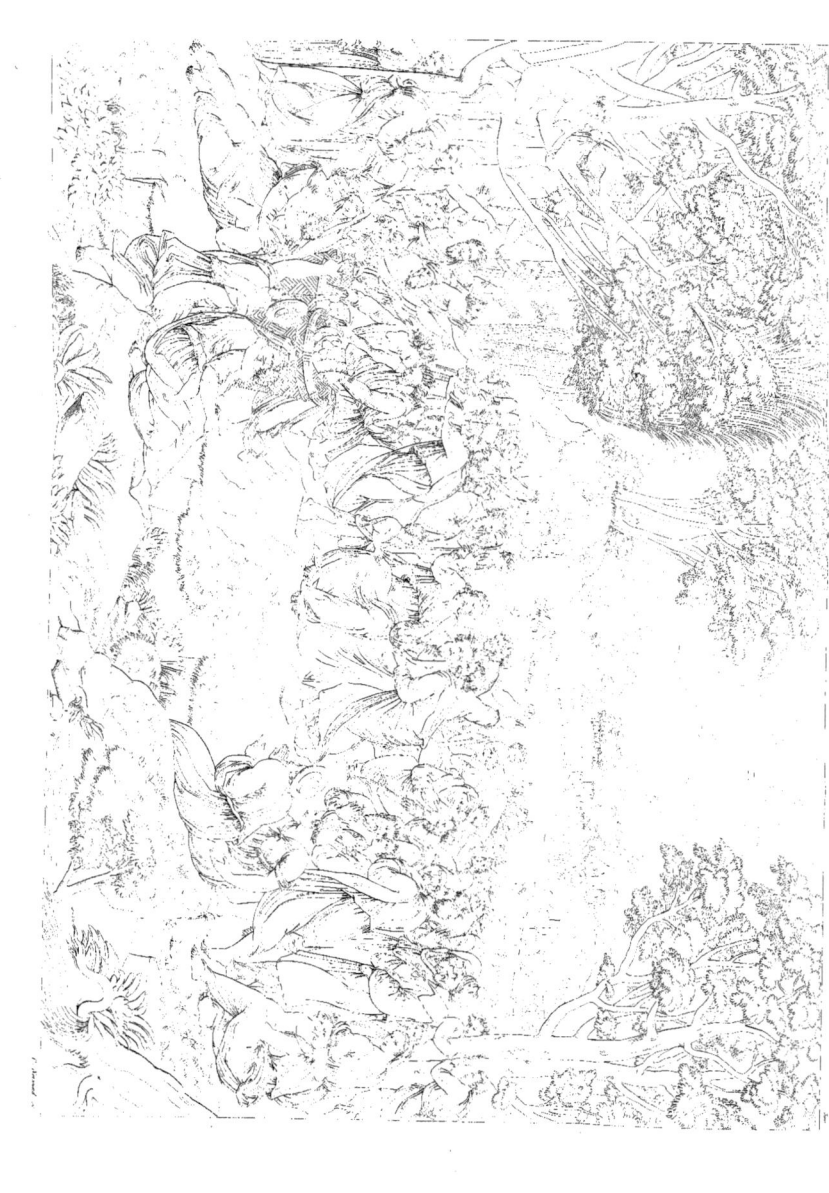

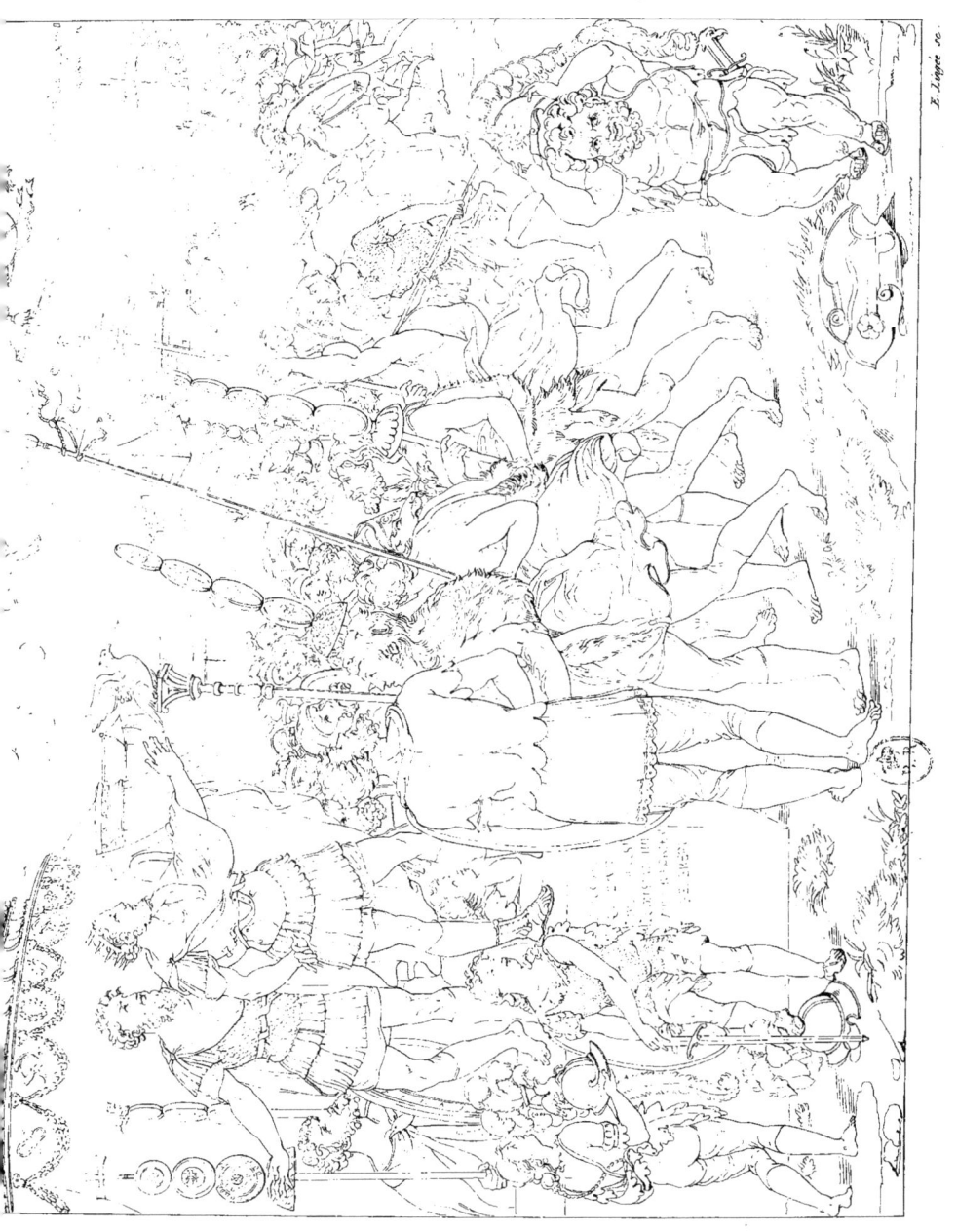

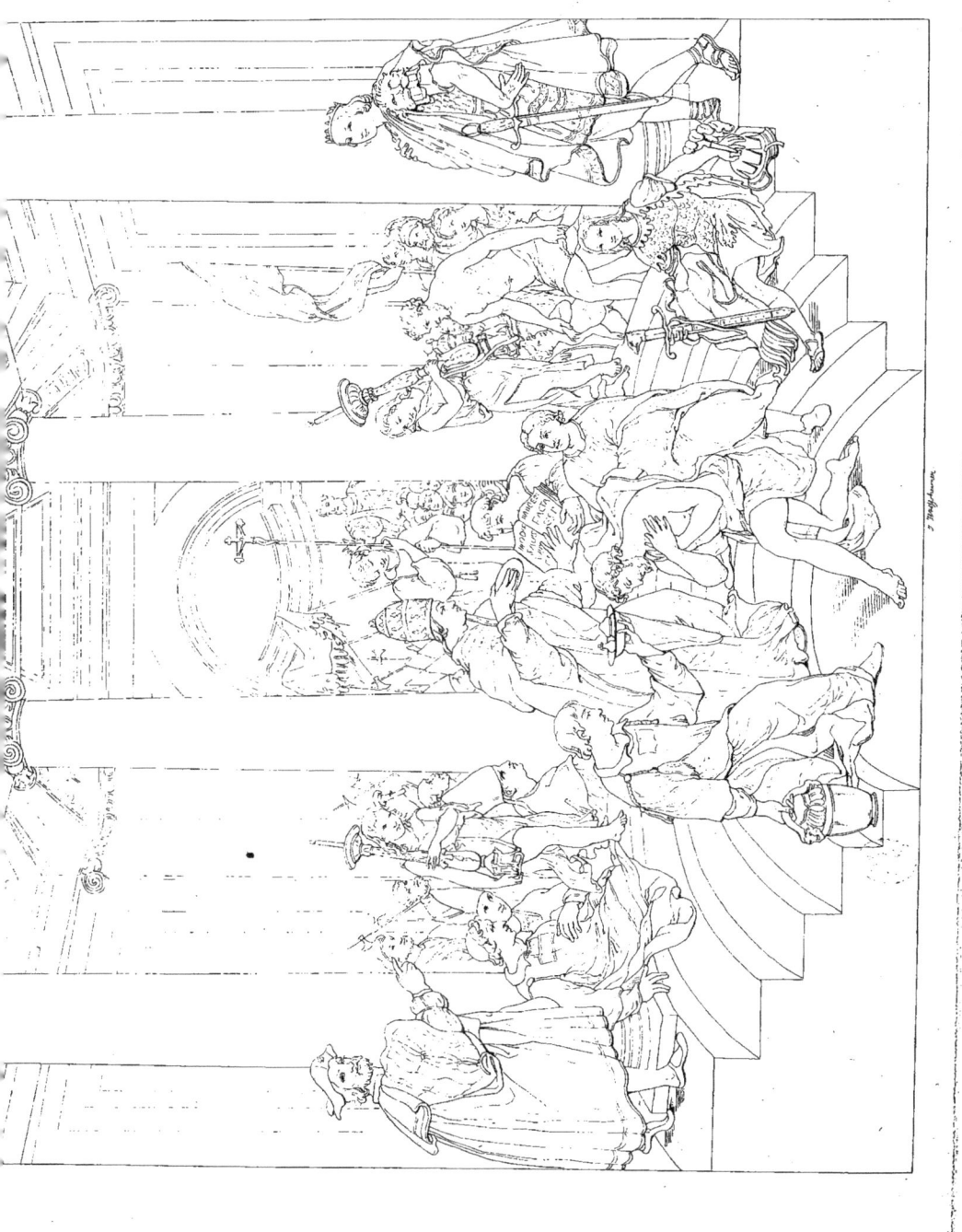

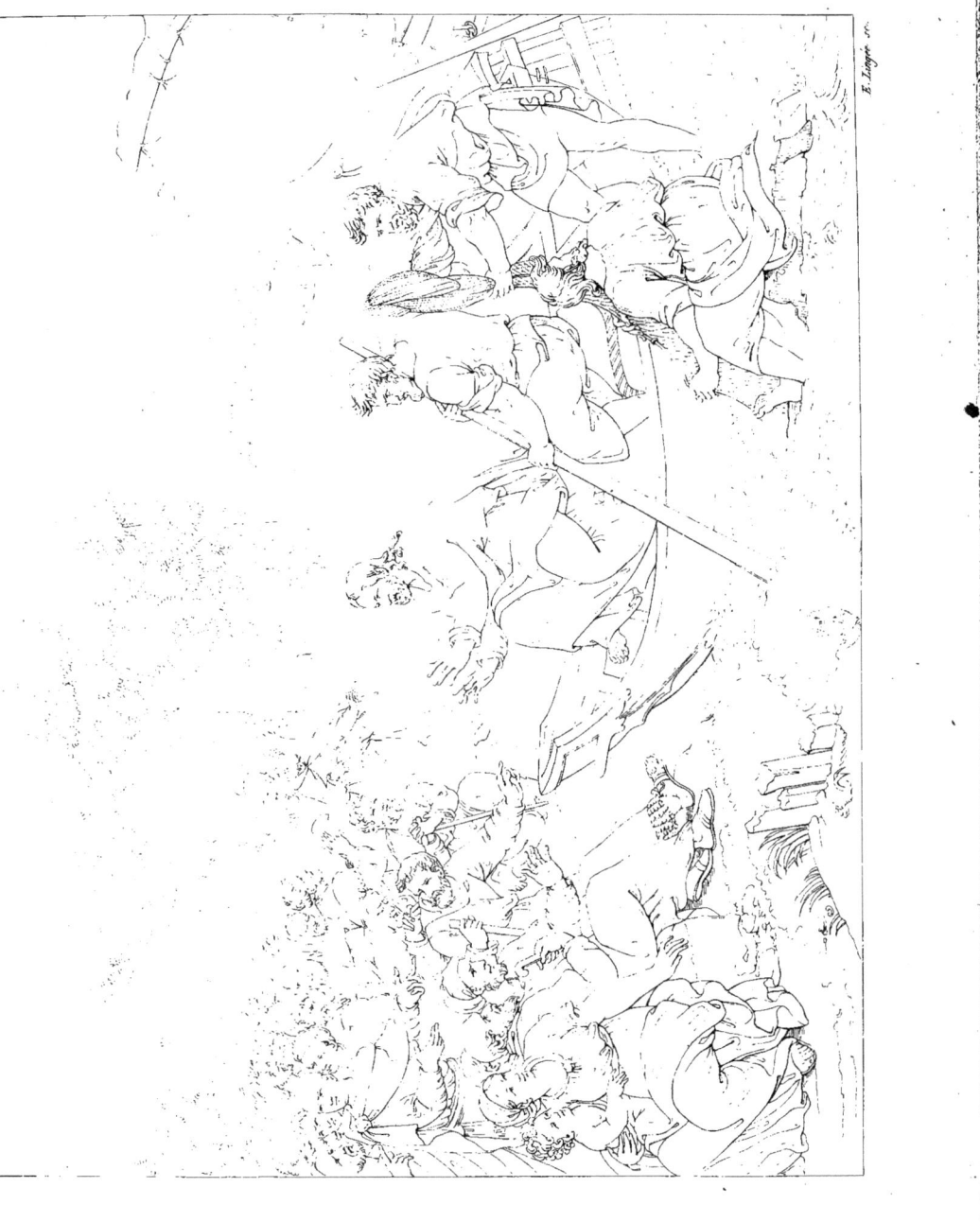

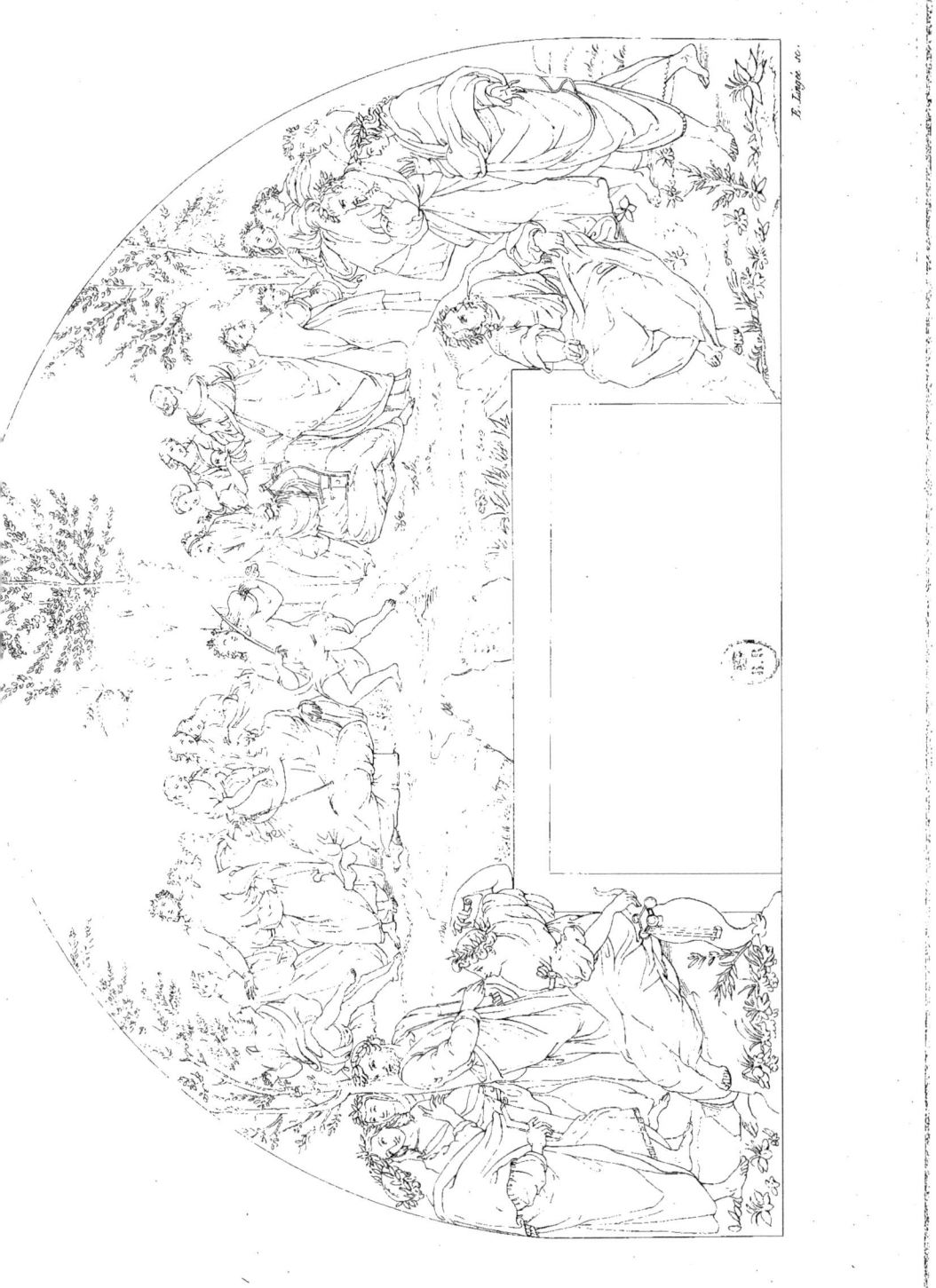

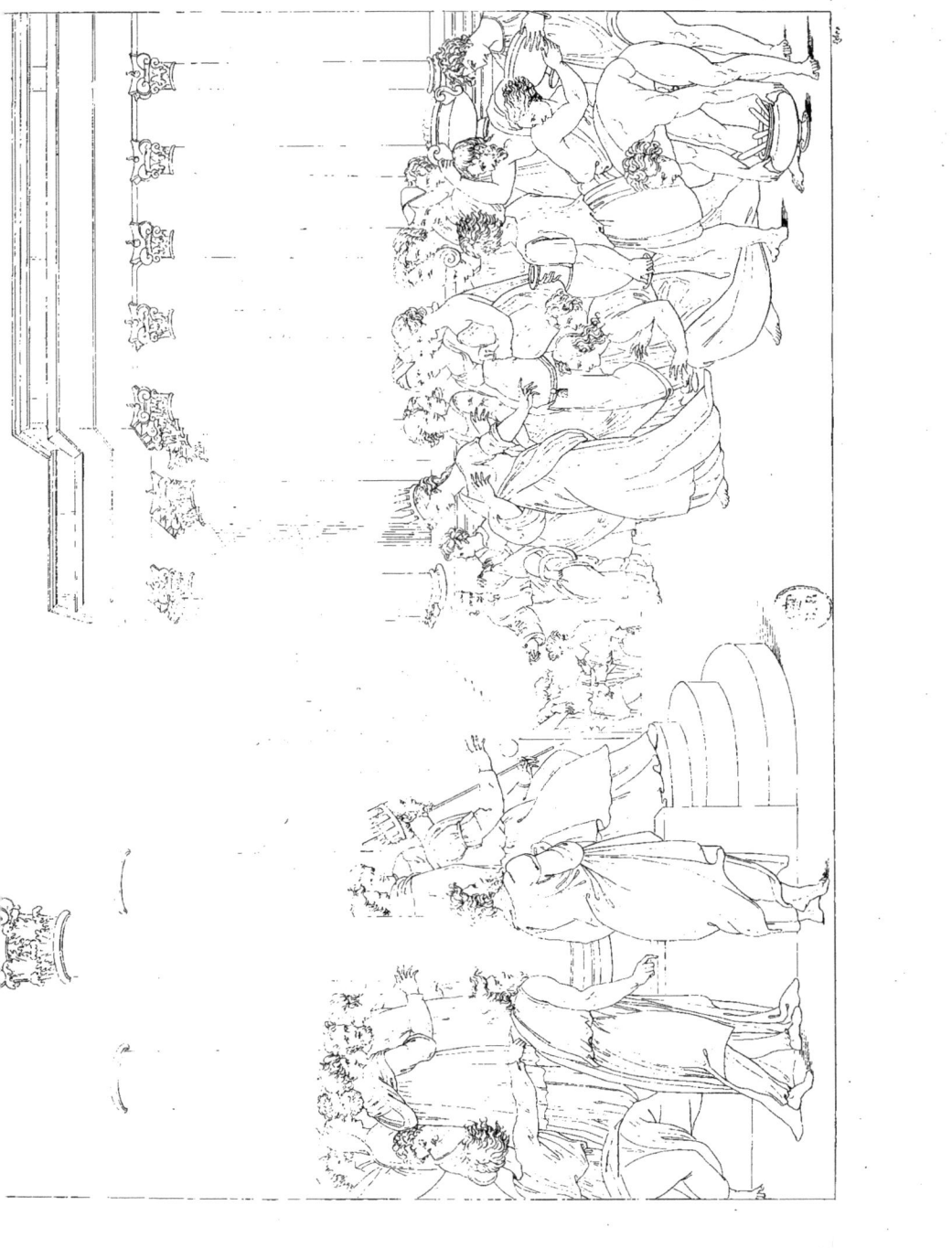

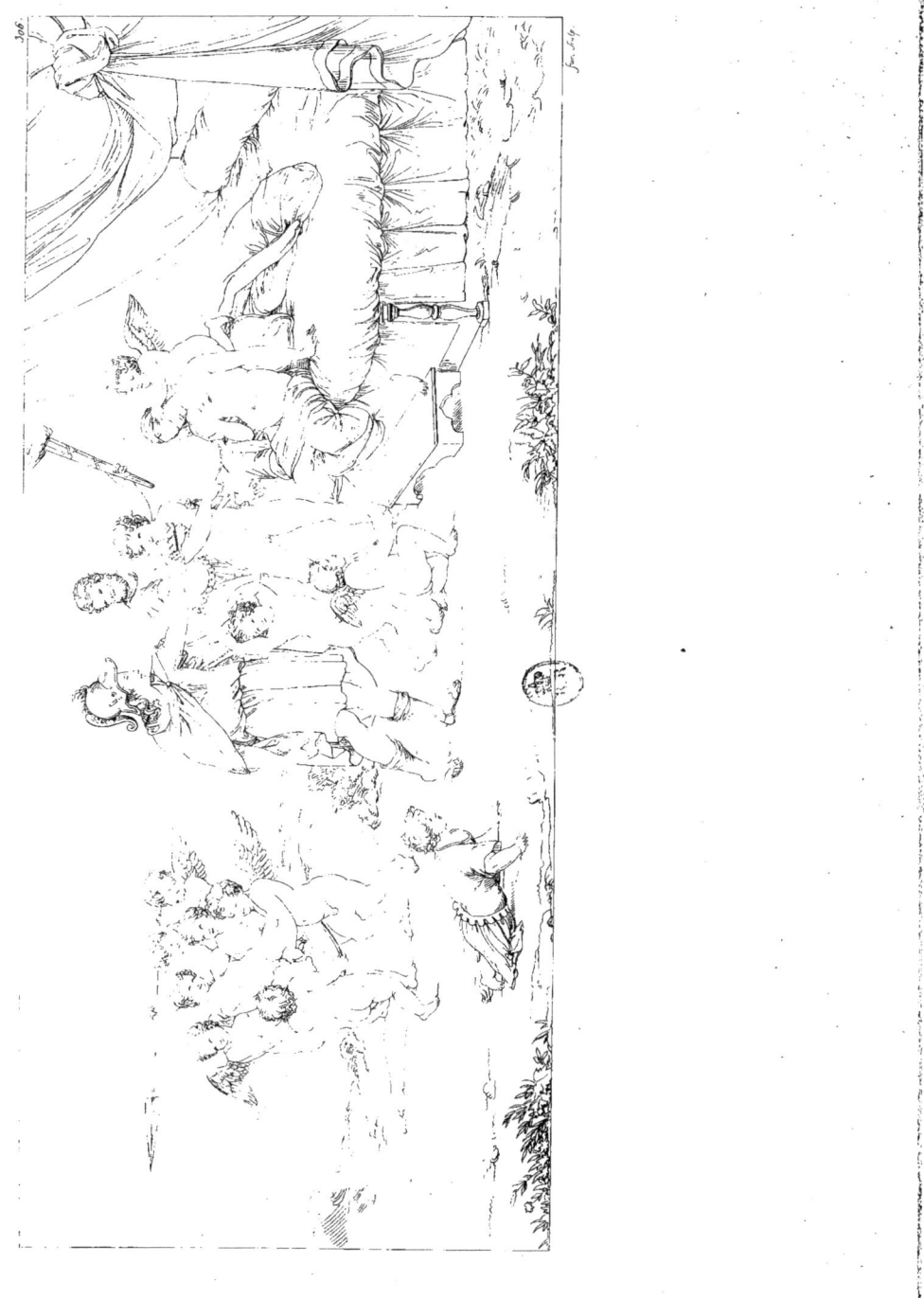

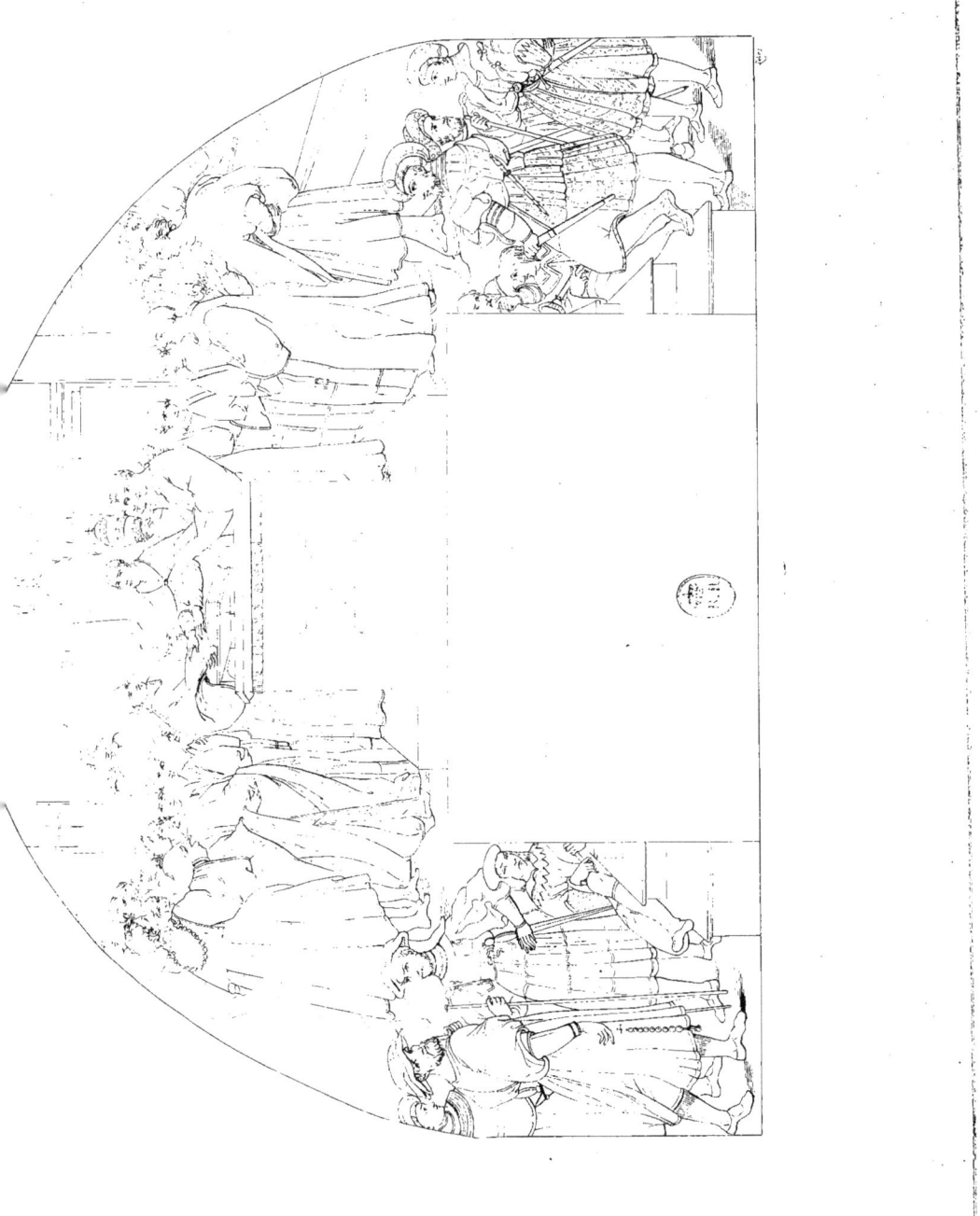

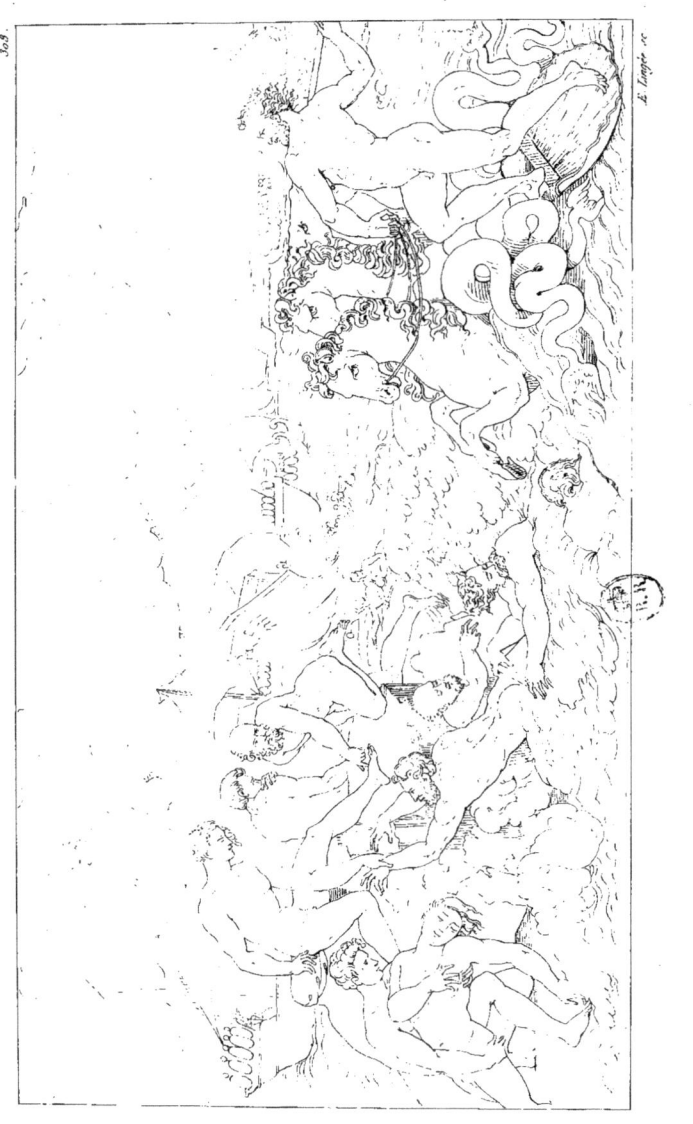

E. Lingée sc.

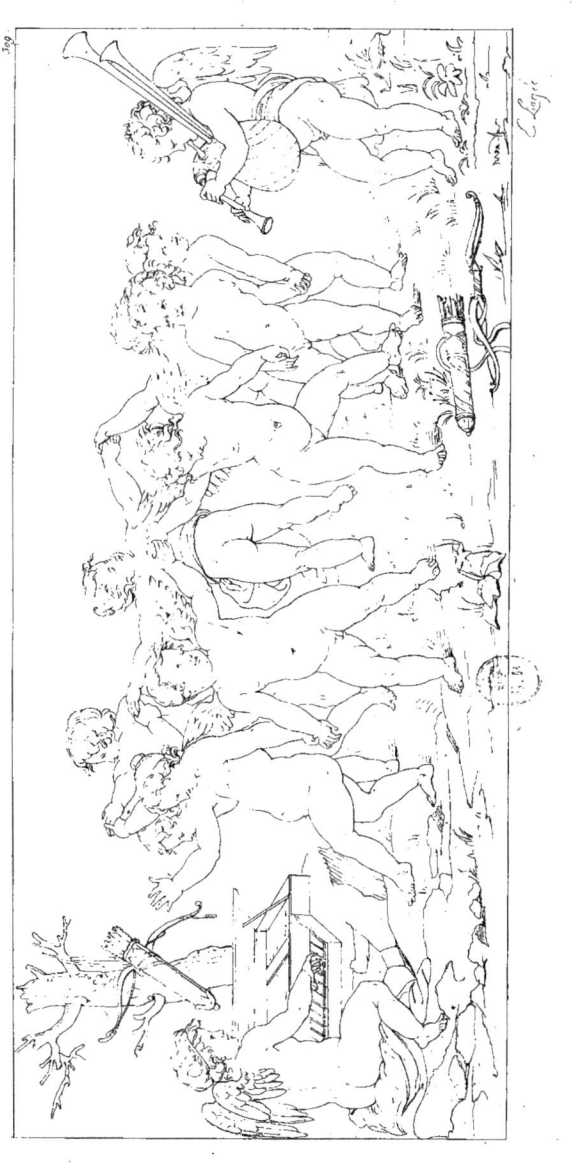

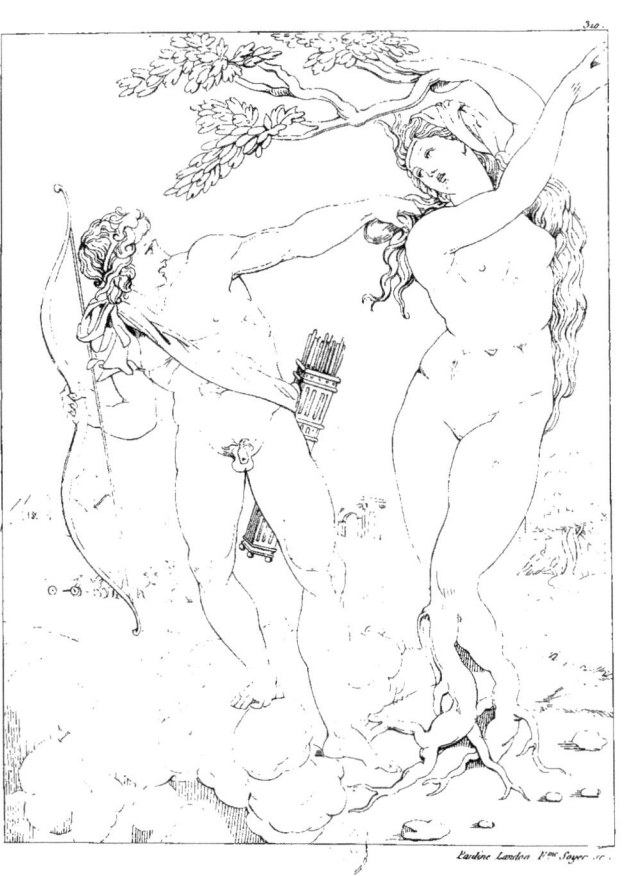

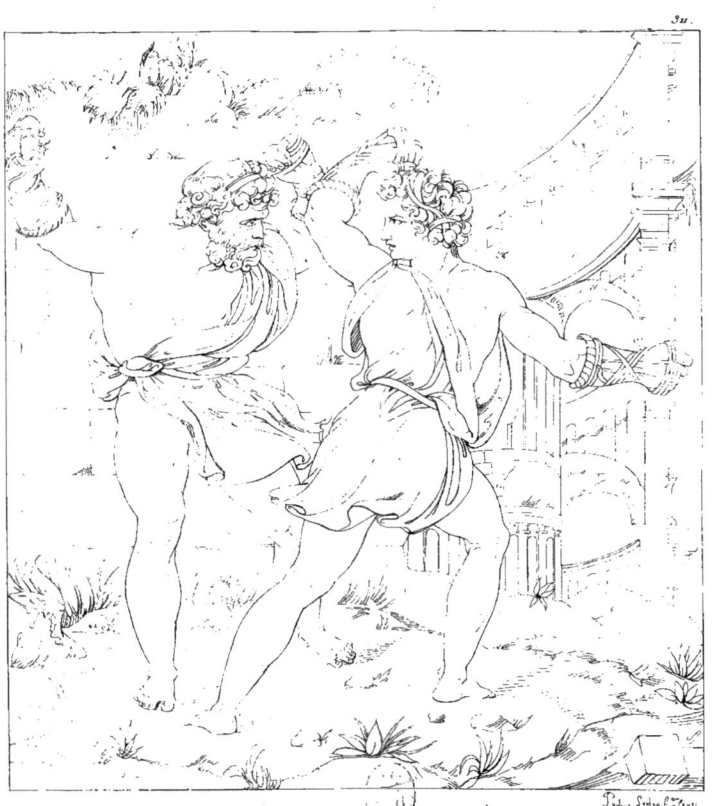

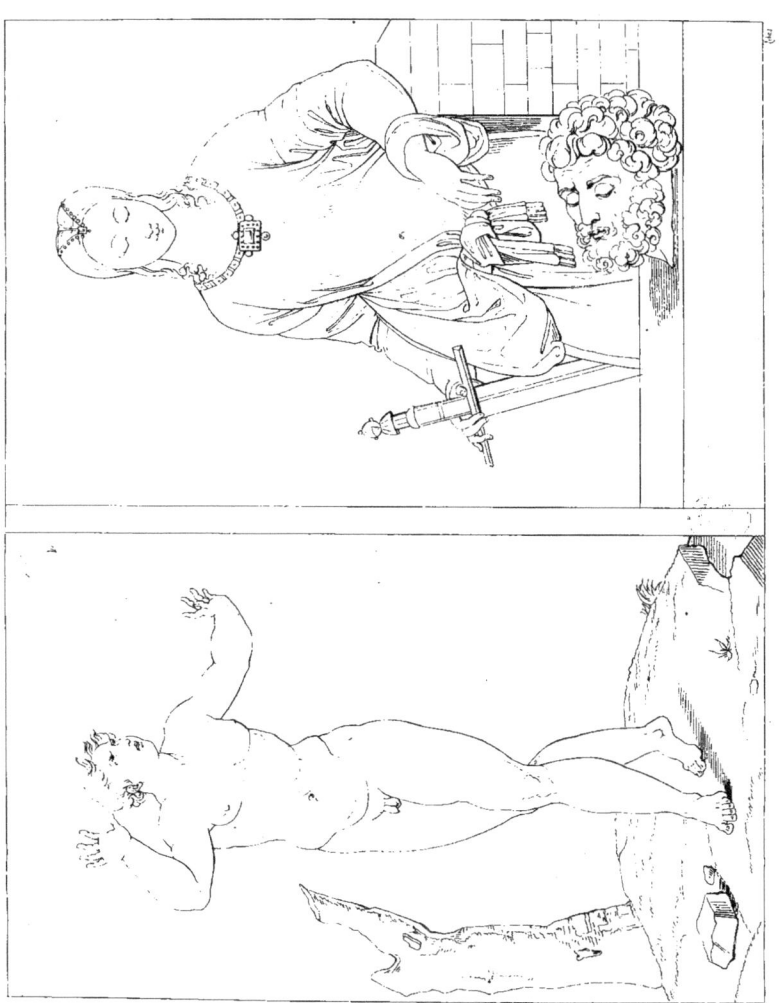

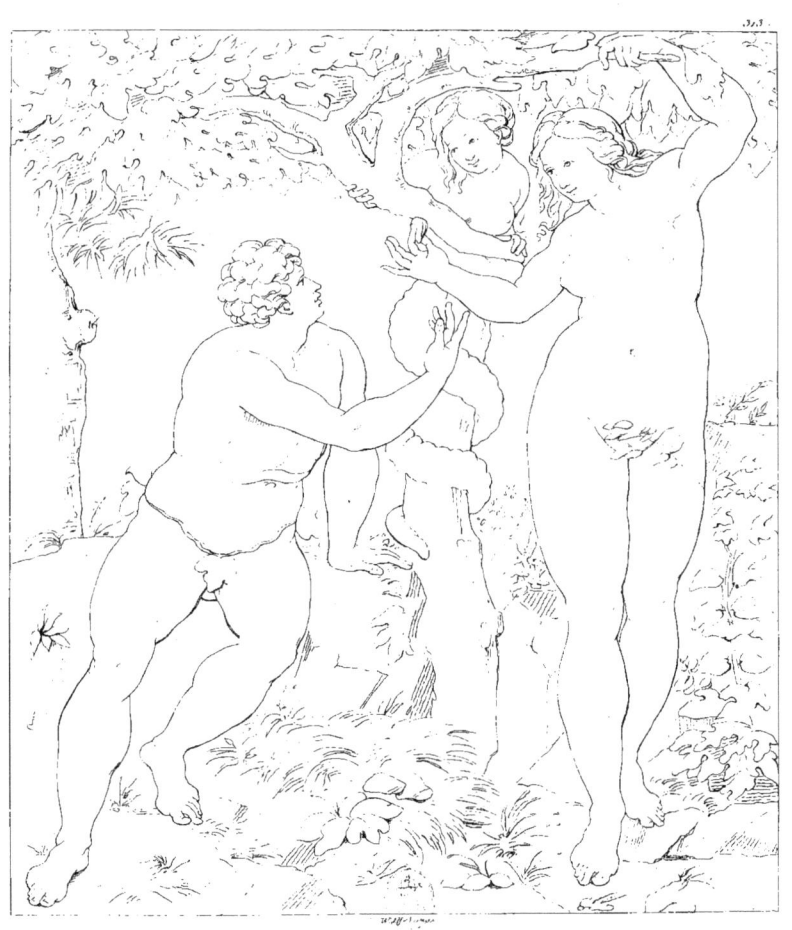

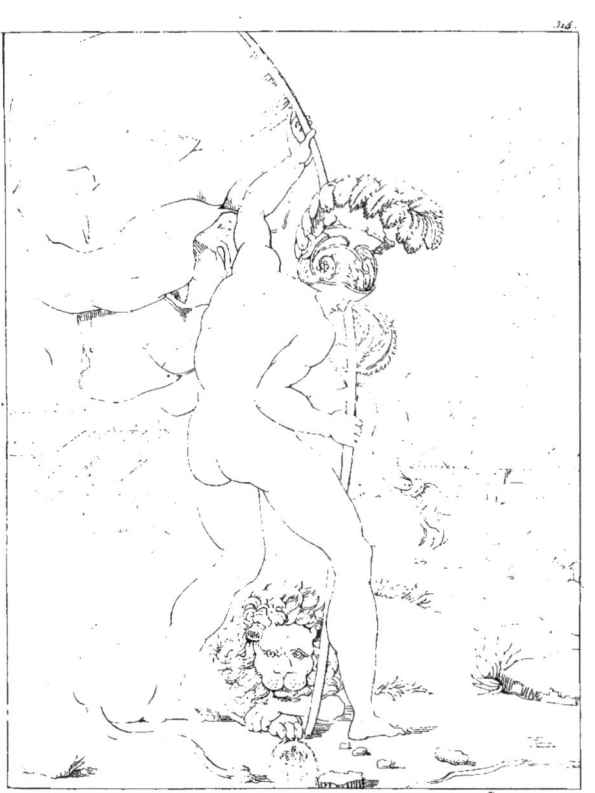

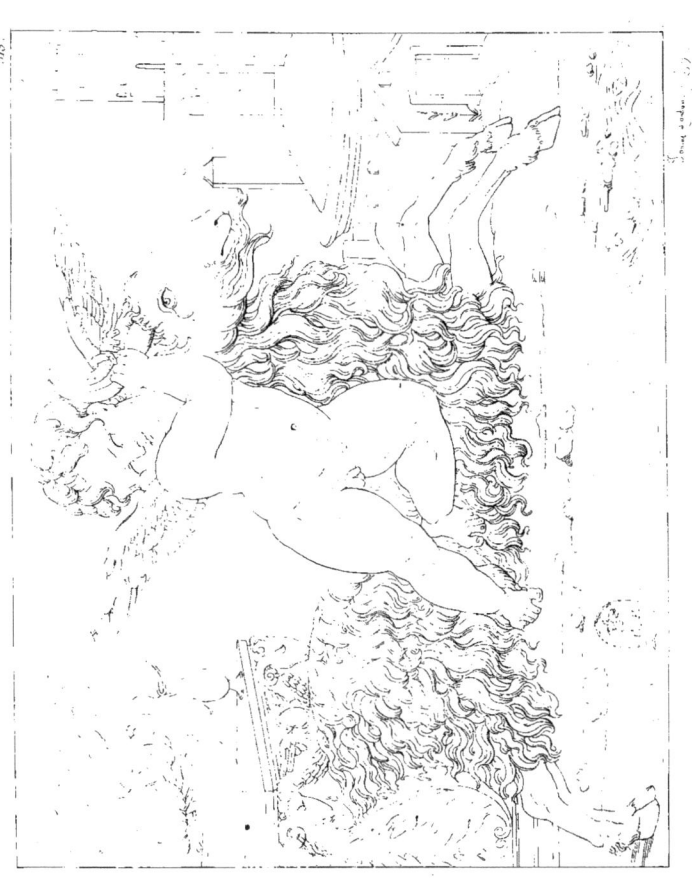

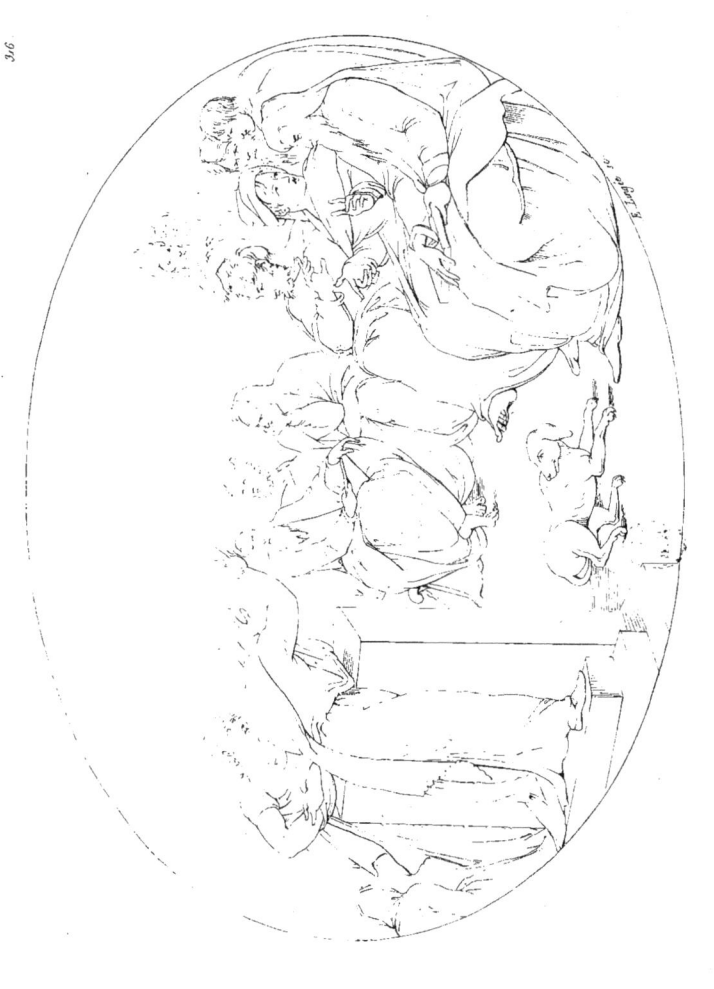

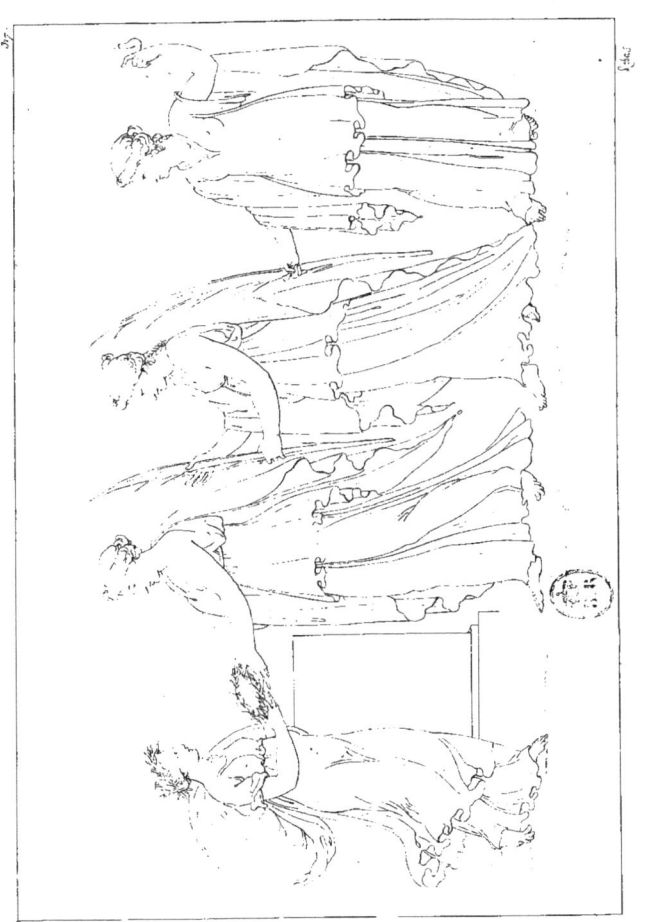

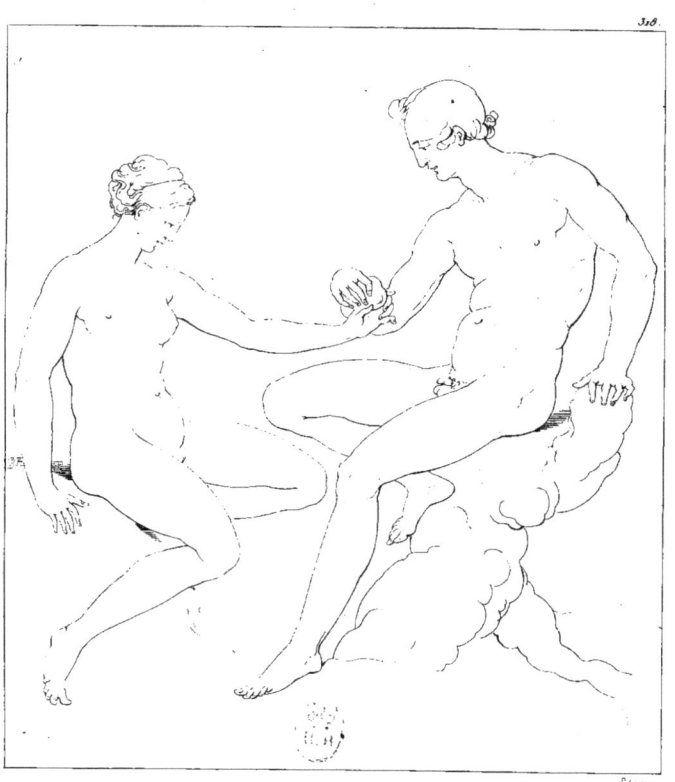

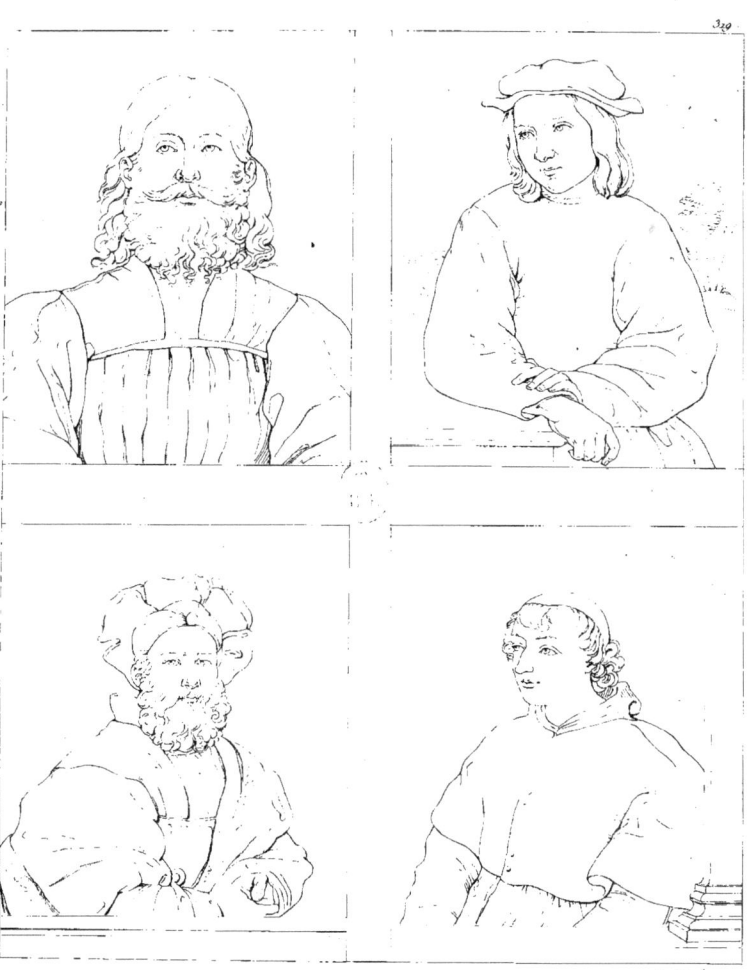

E. Lingée sc.

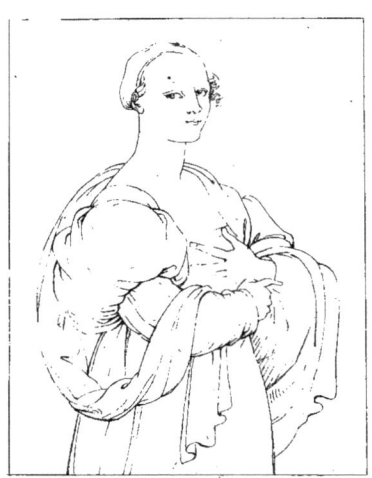

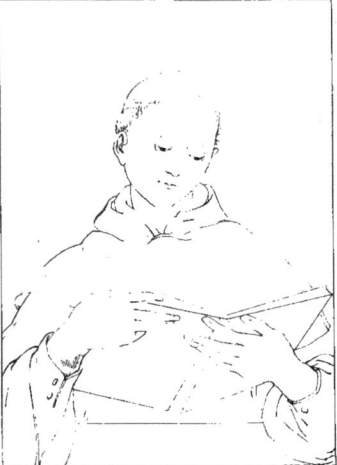

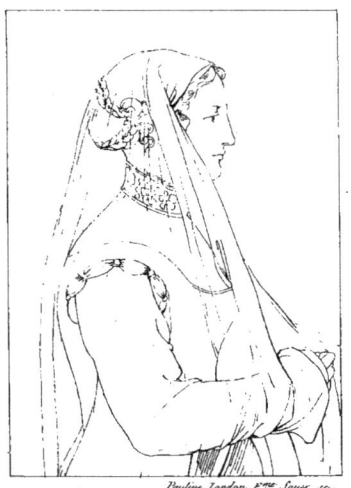

Pauline Landon F.me Soyer sc.

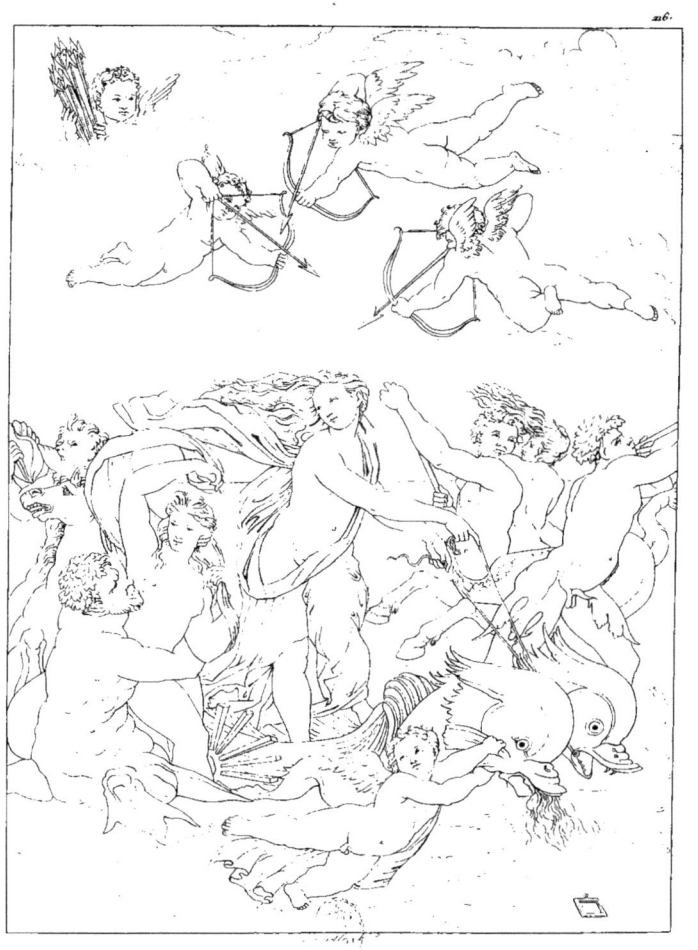

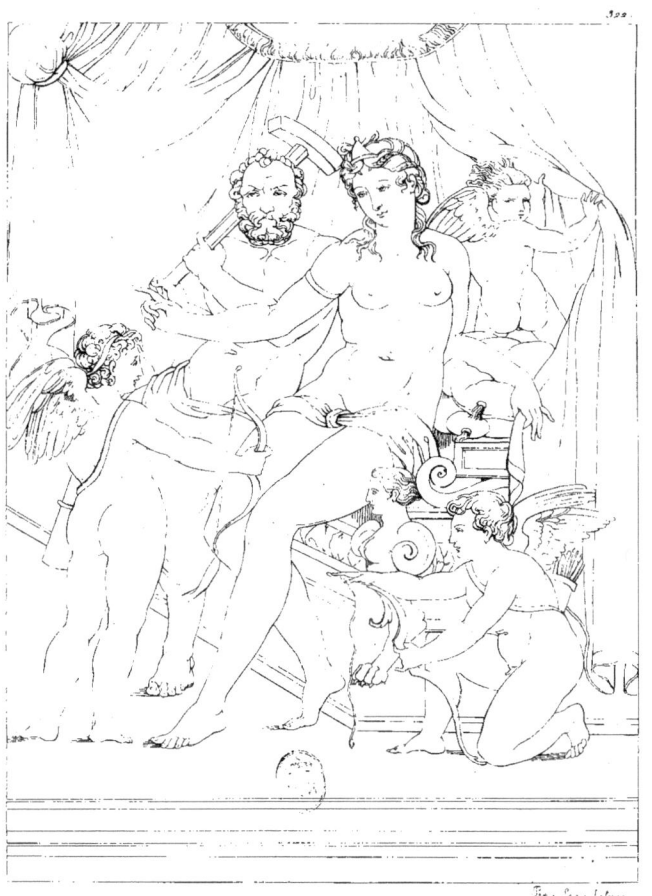

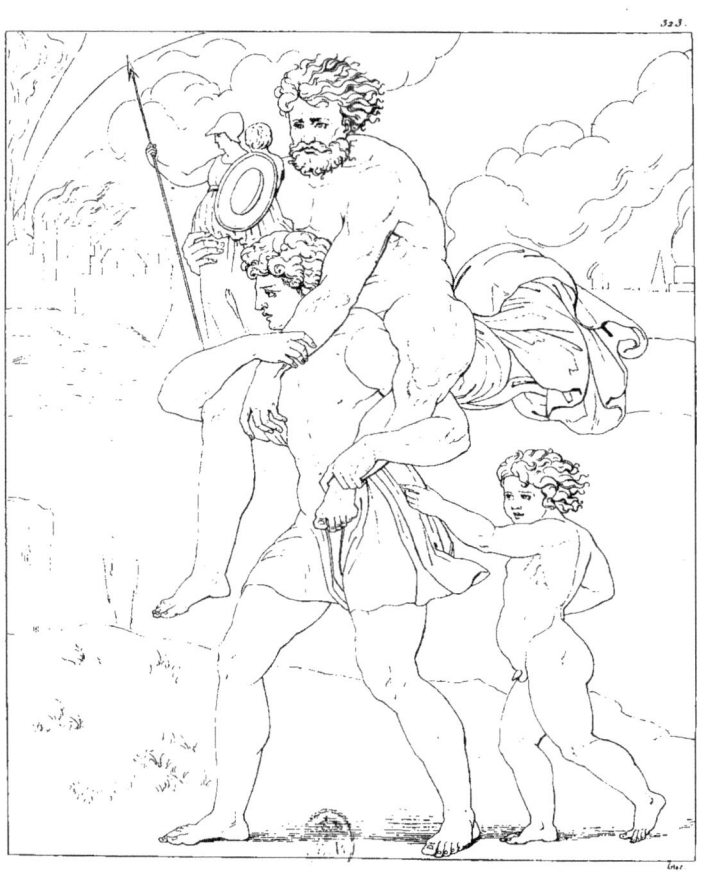

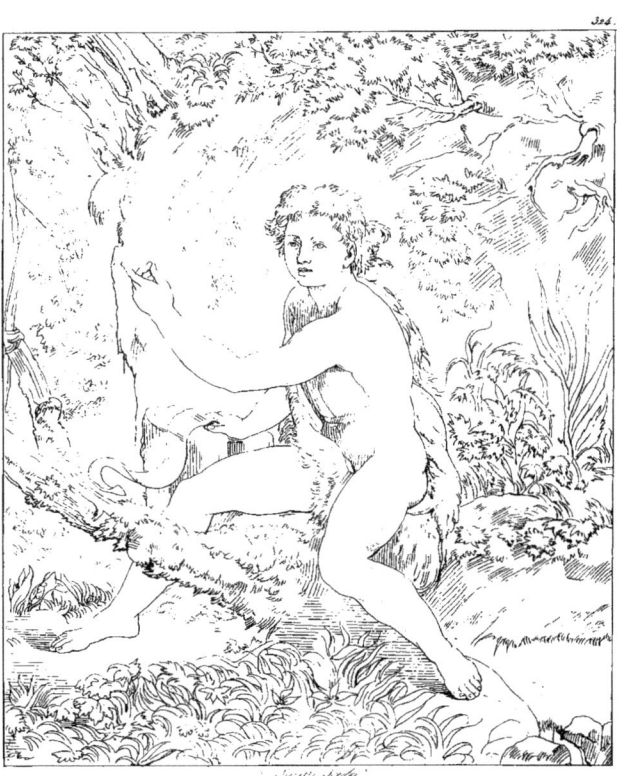

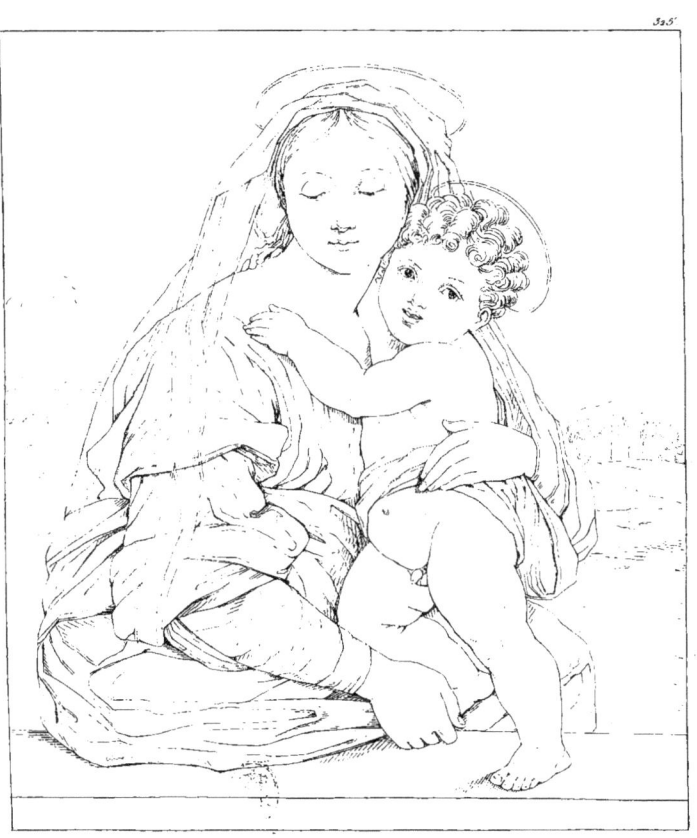

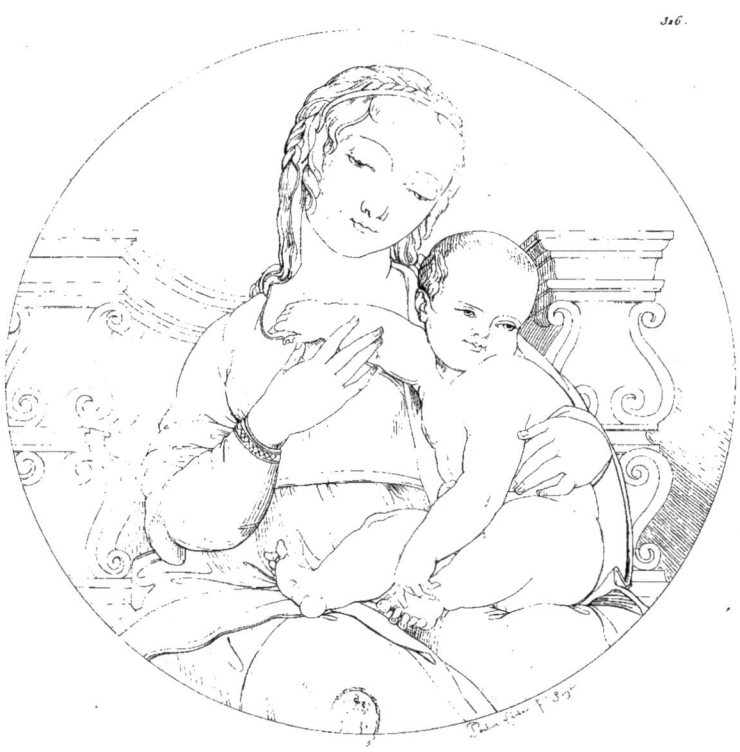

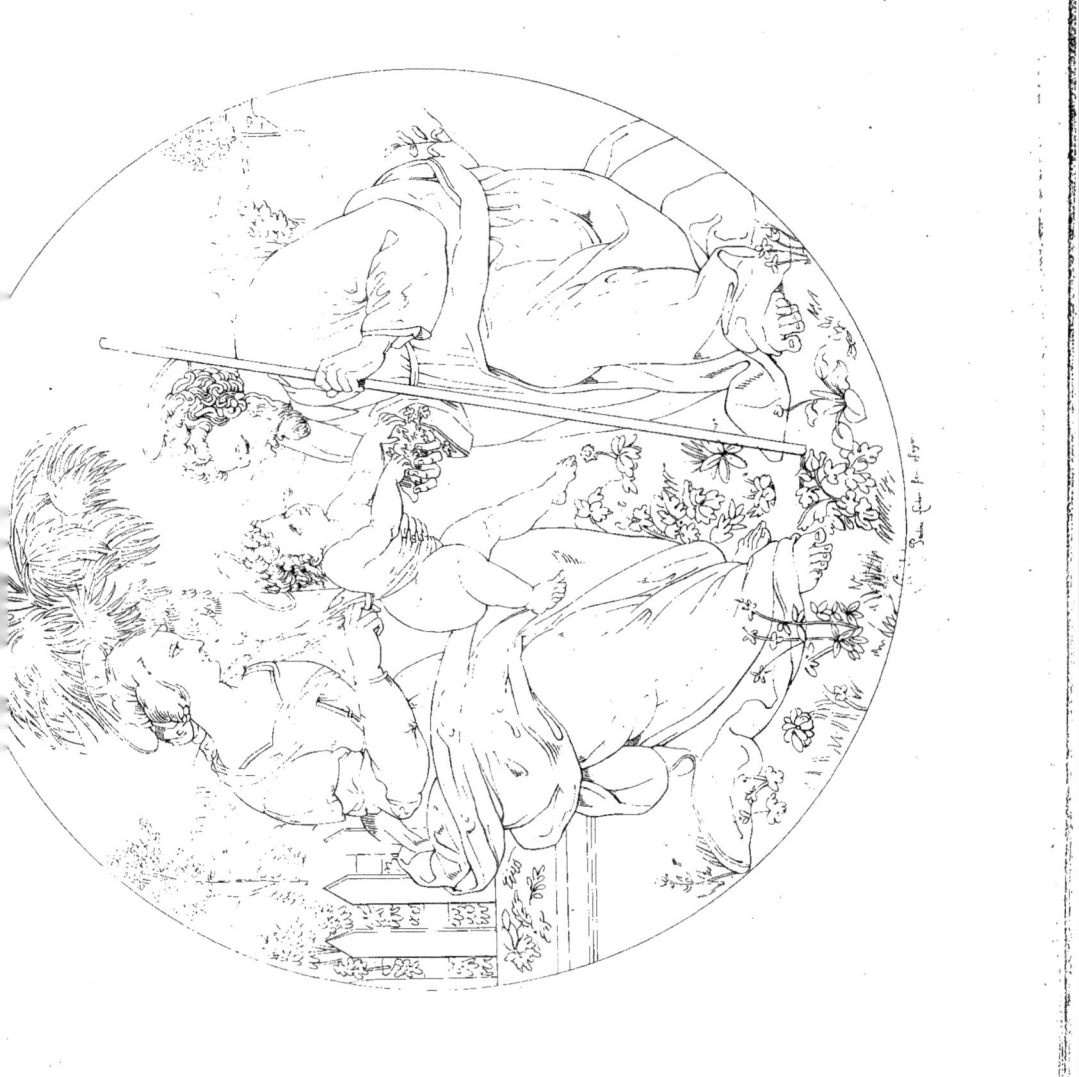

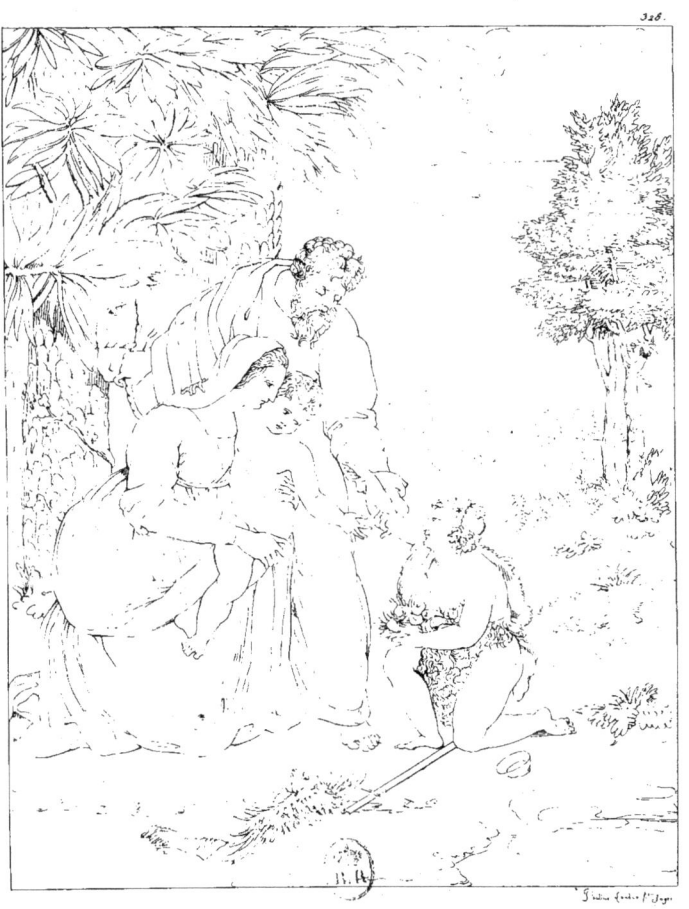

Julia Lach St Jayr

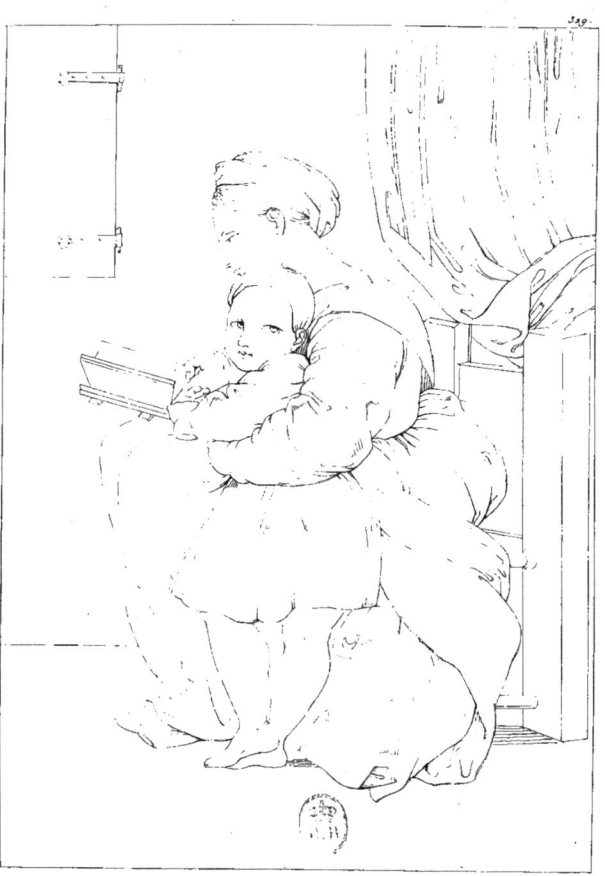

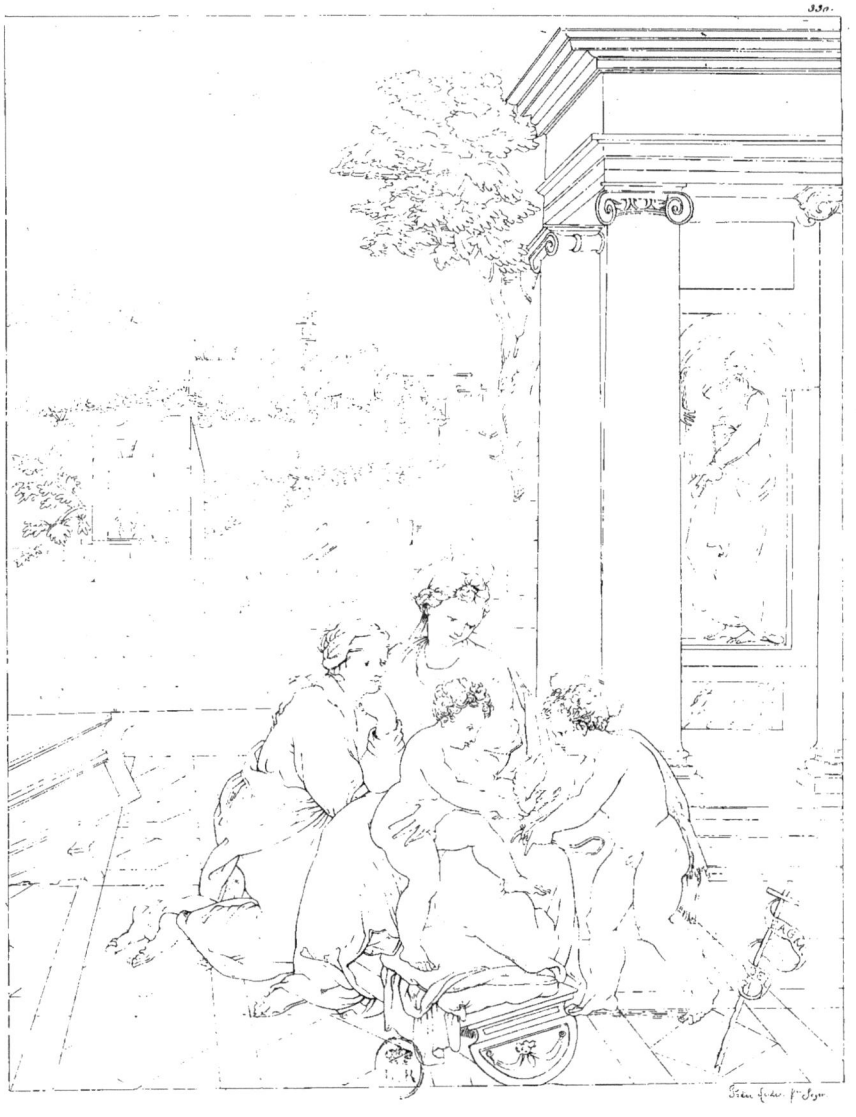

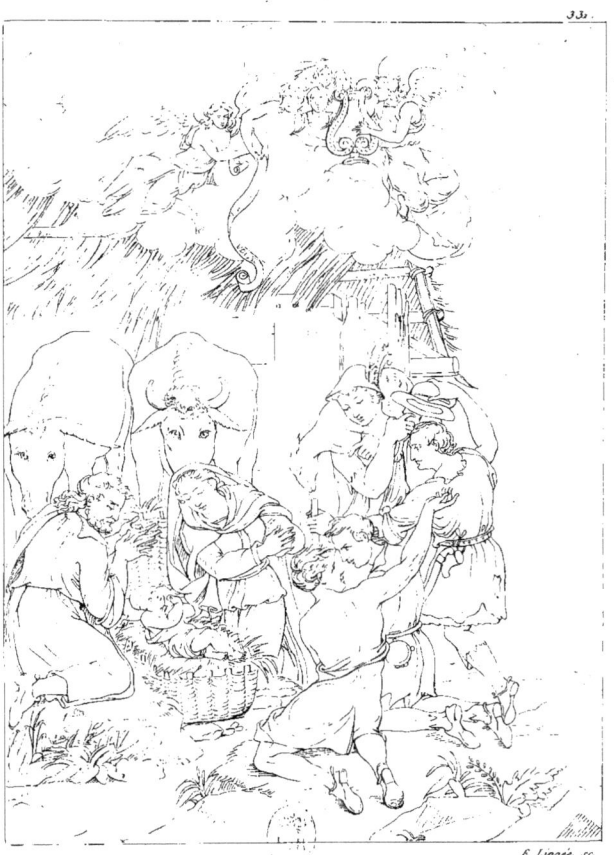

E. Lingée sc

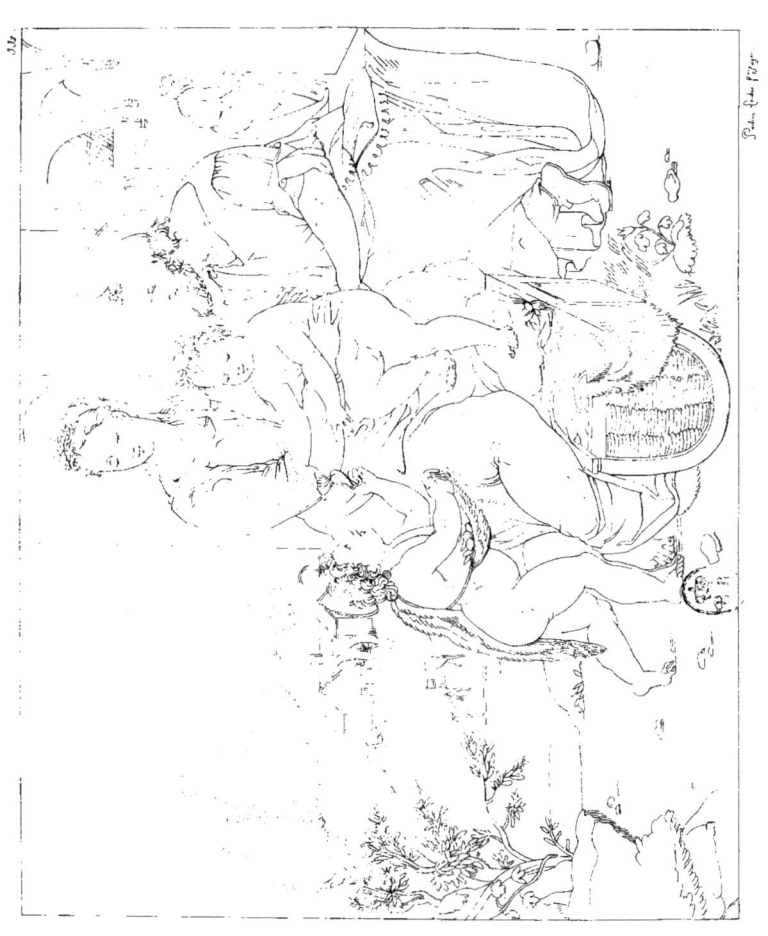

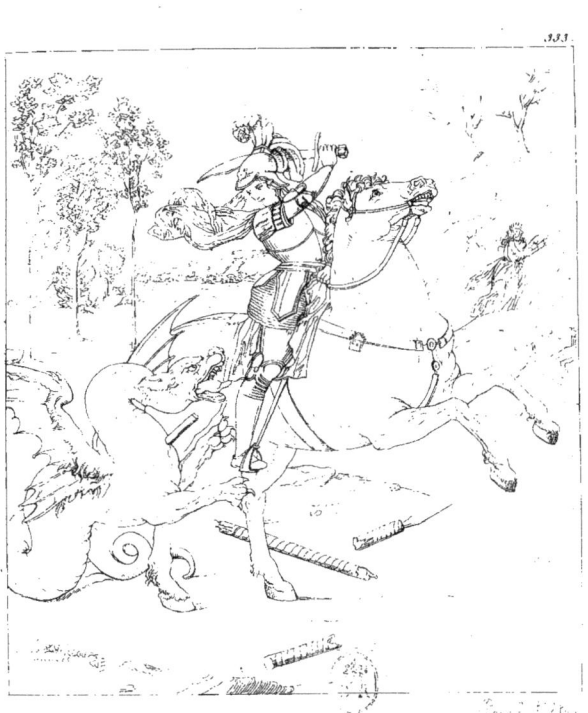

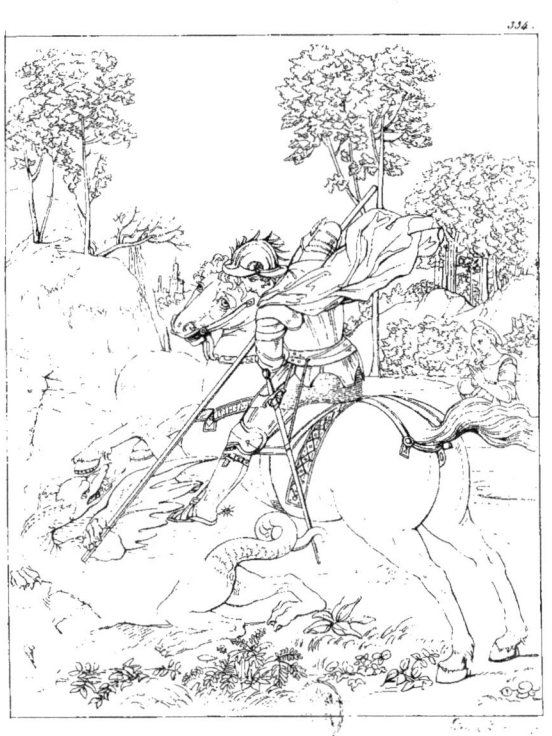

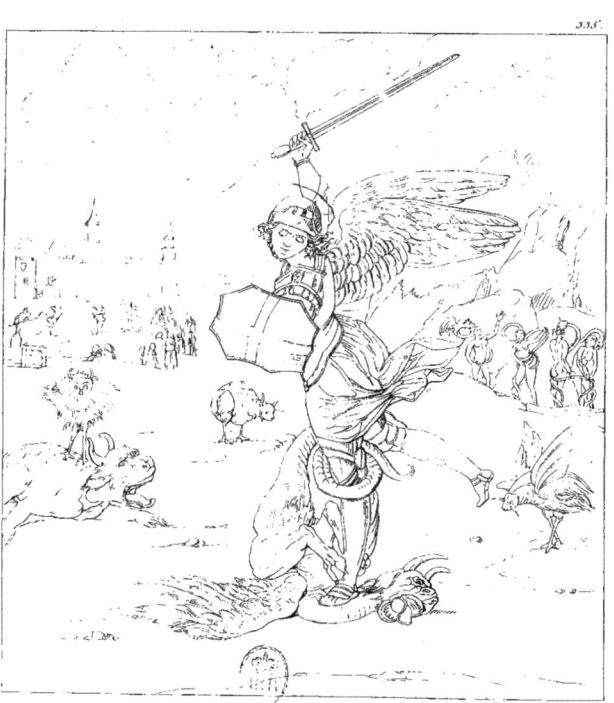

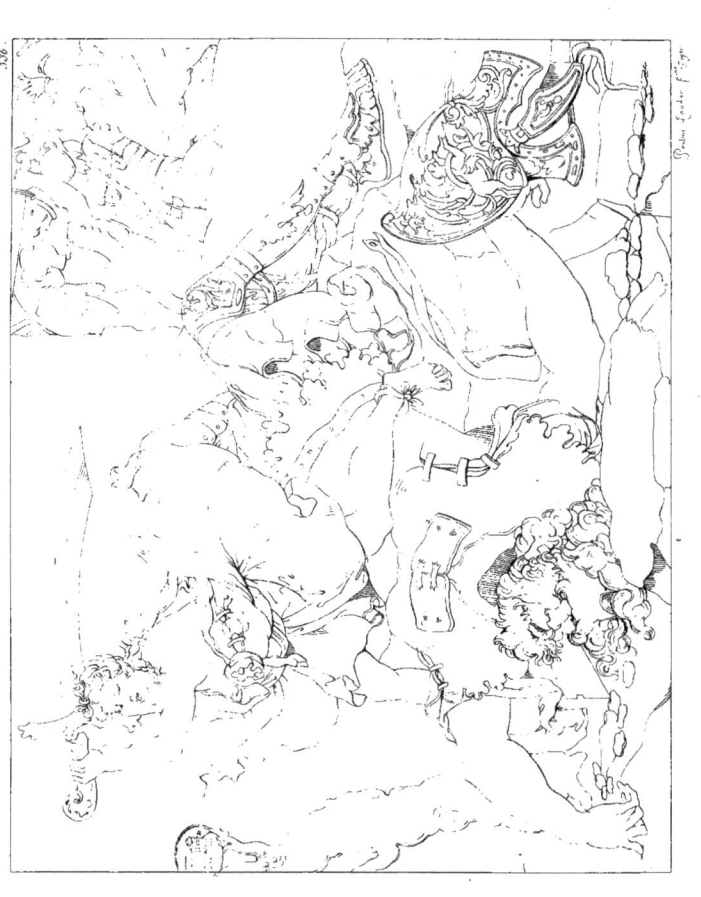

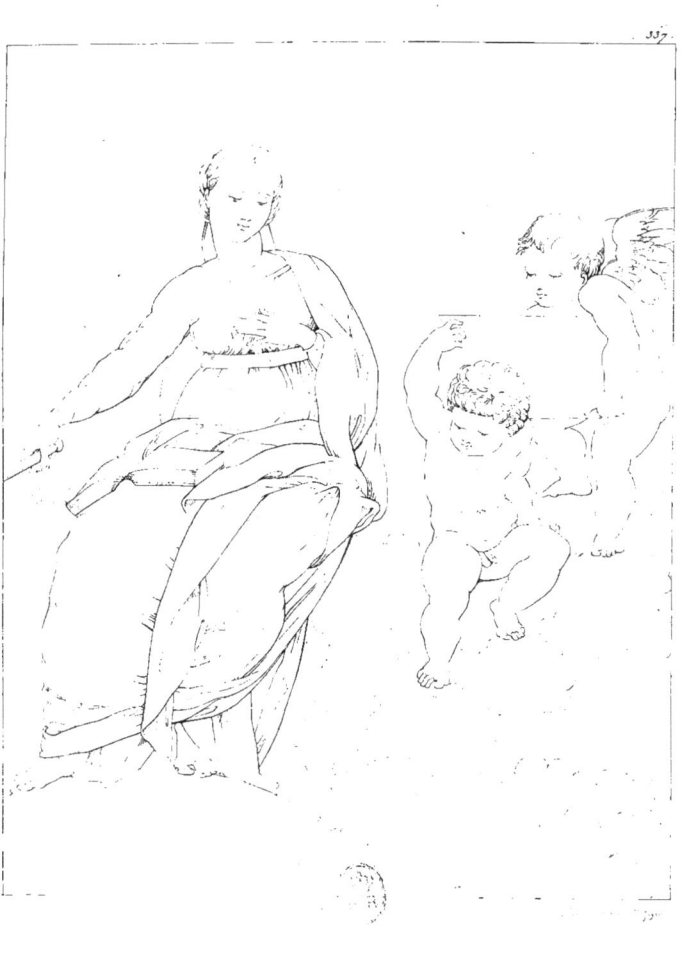

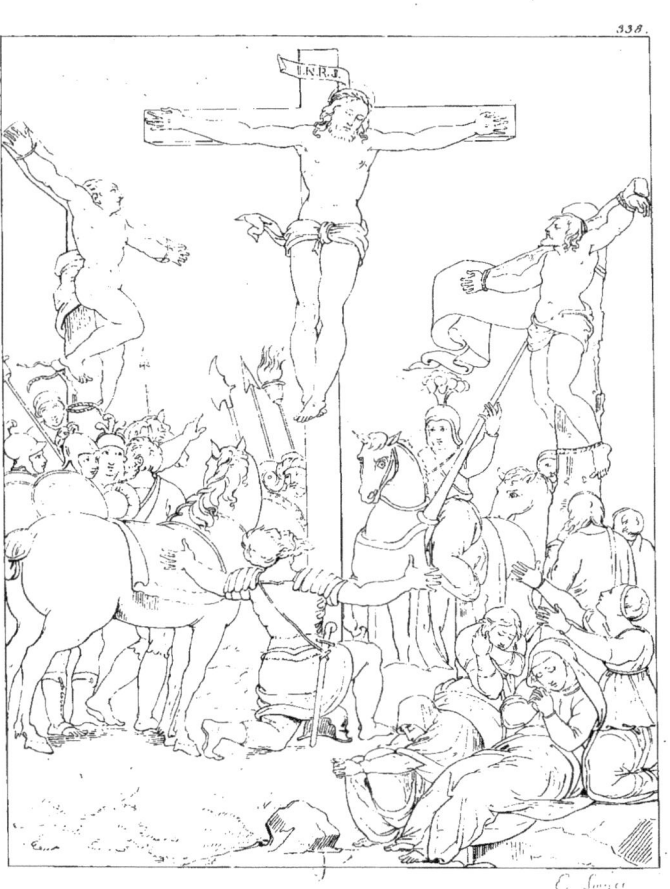

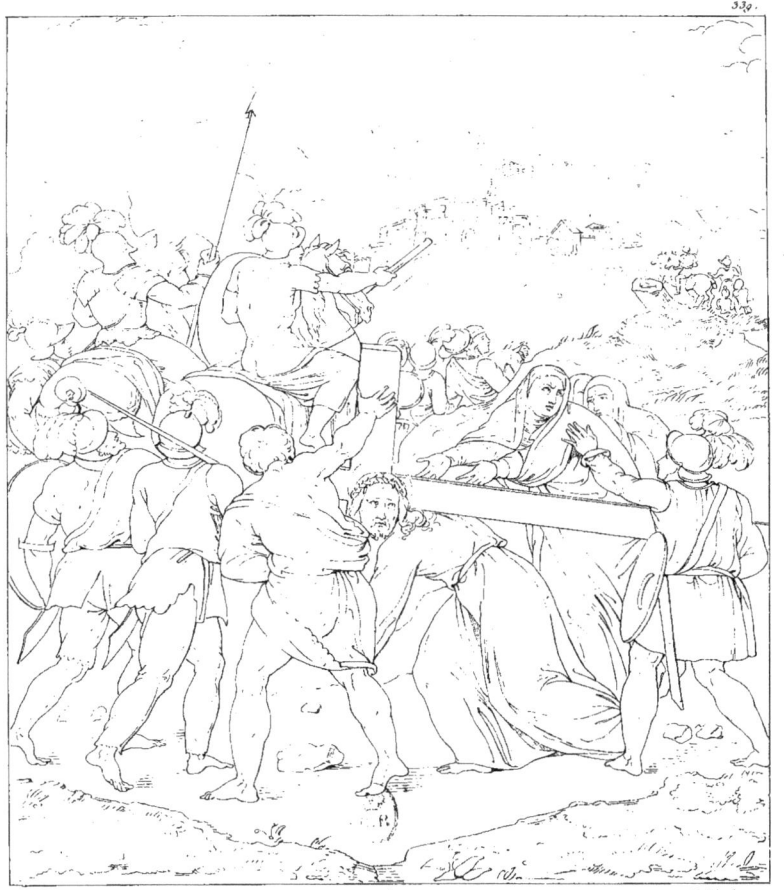

F. Lingée sc.

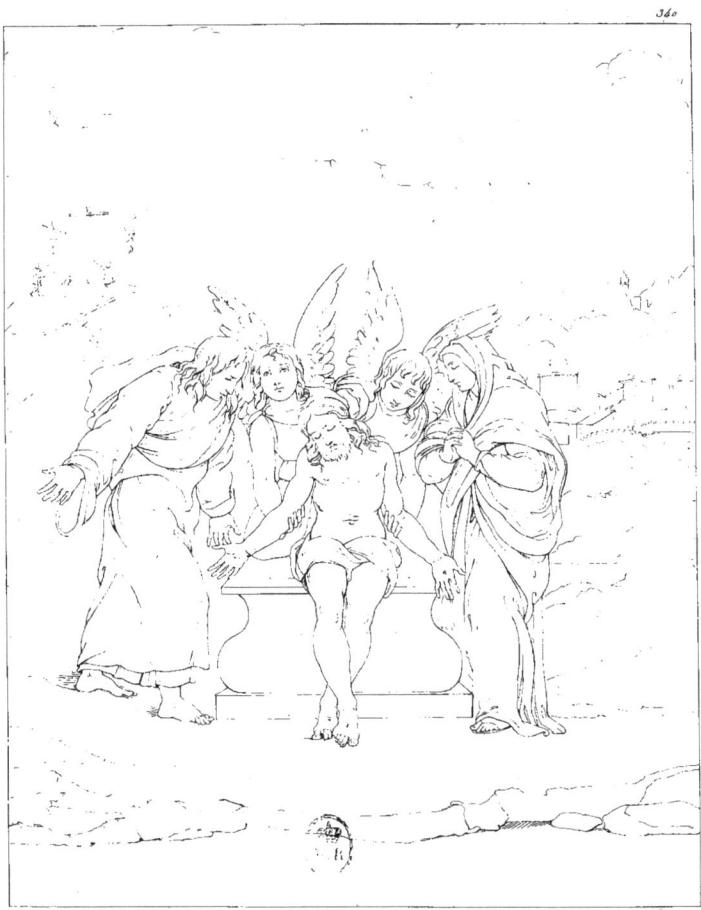

El. Lingee

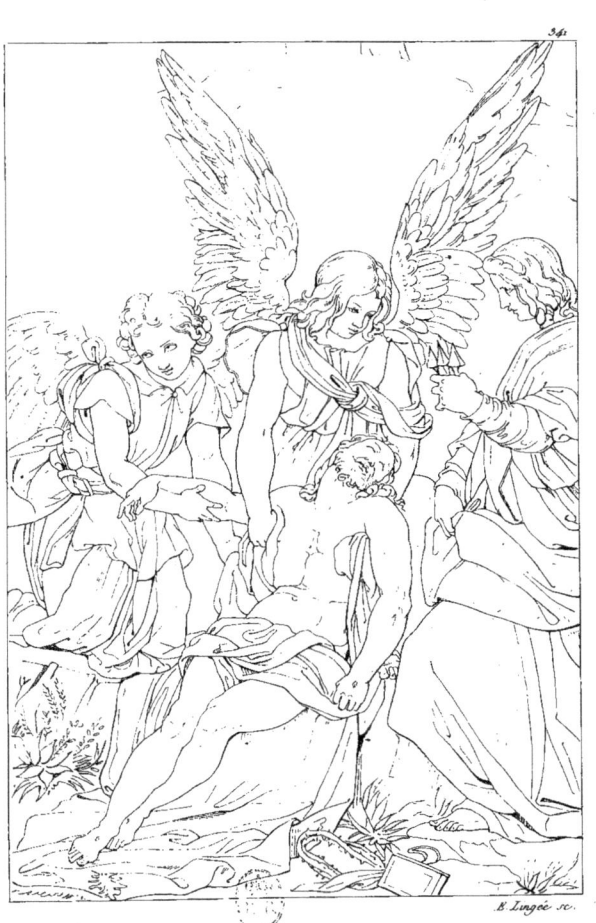

E. Lingée sc.

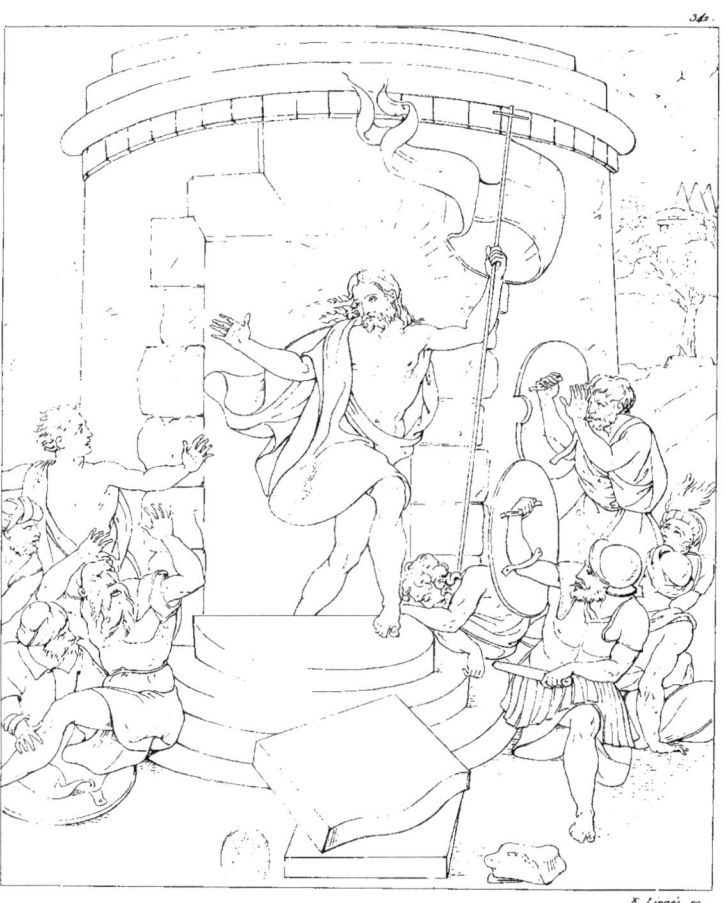

E. Lingée sc.

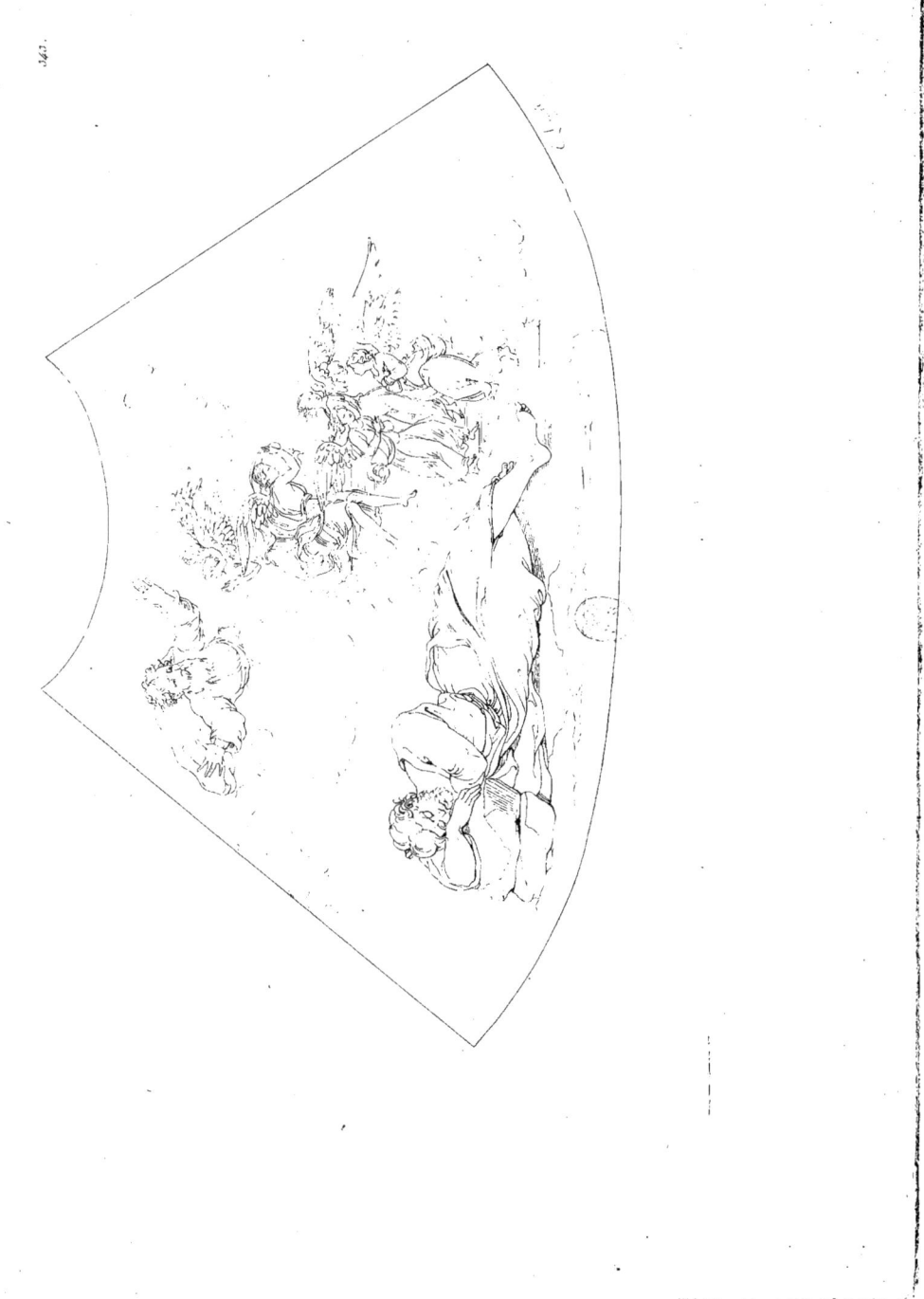

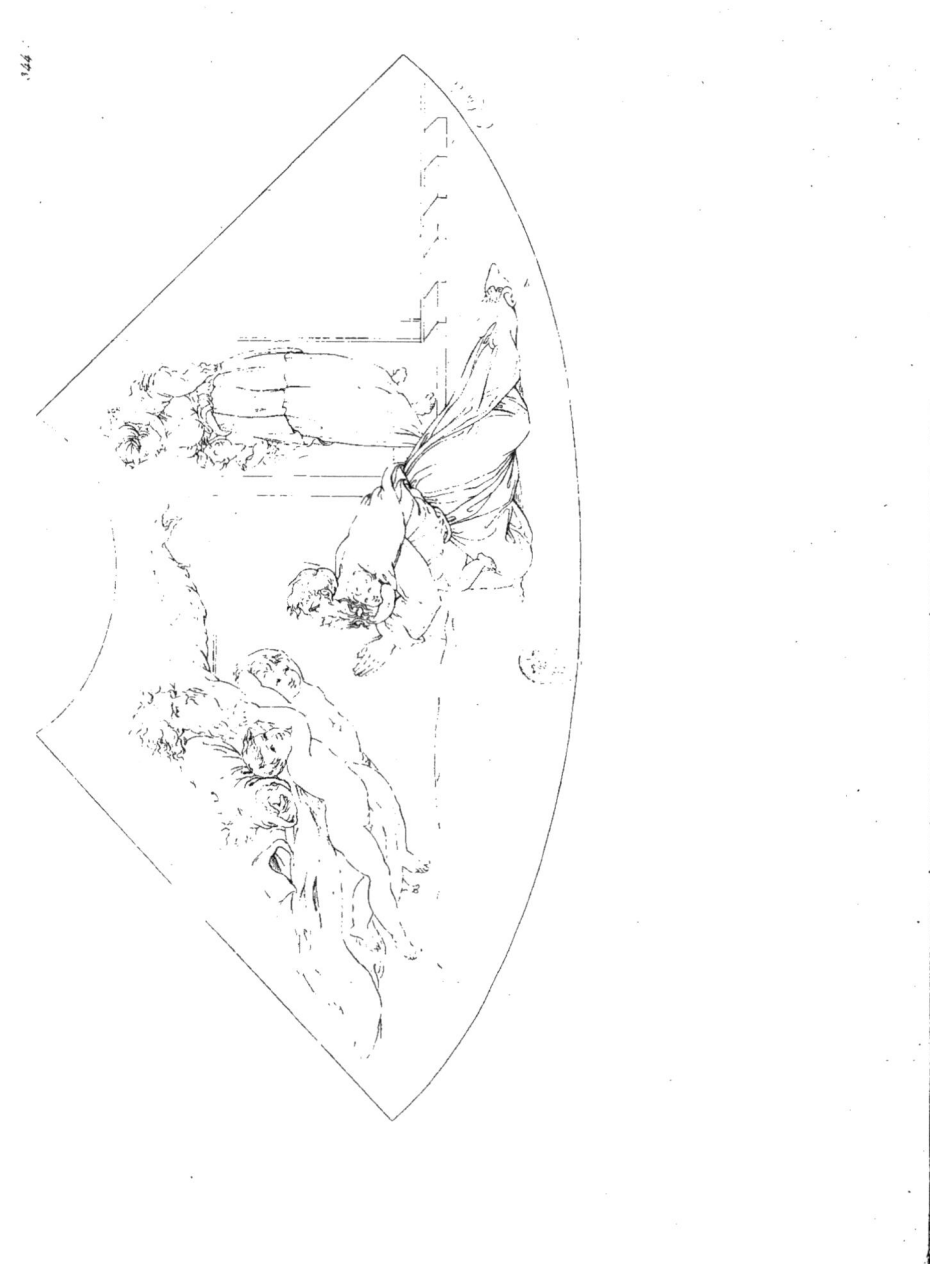

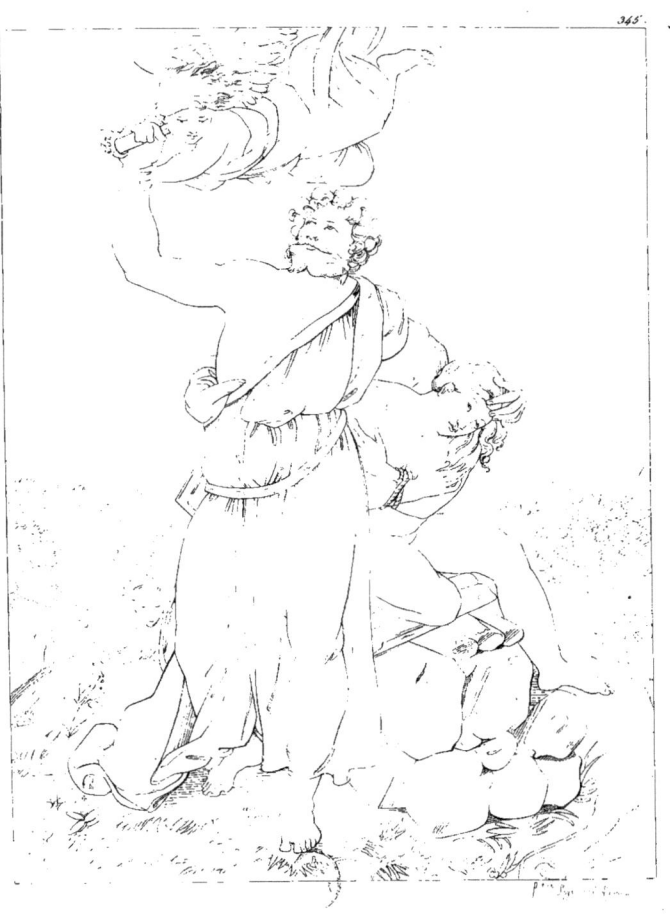

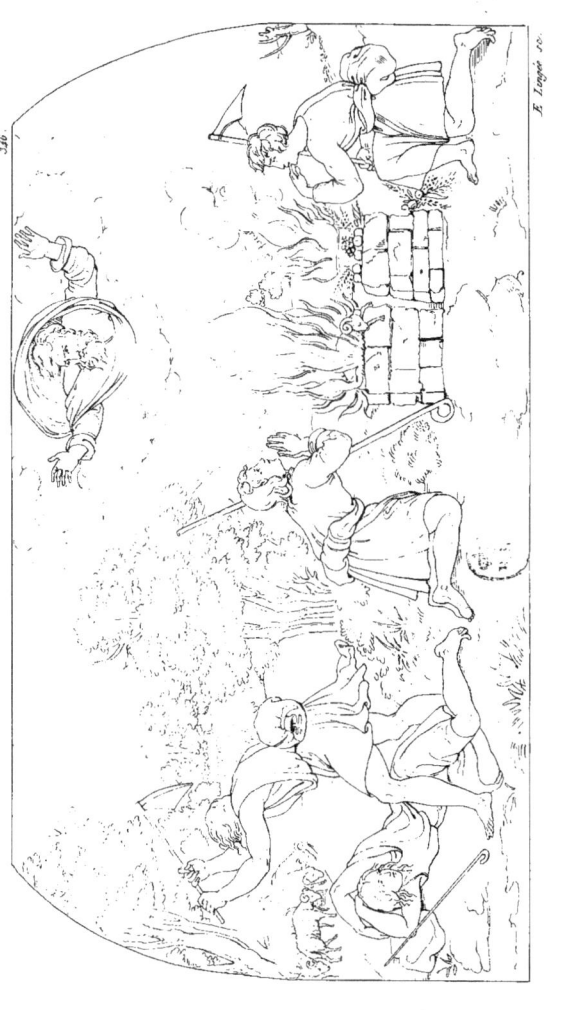

F. Linger sc.

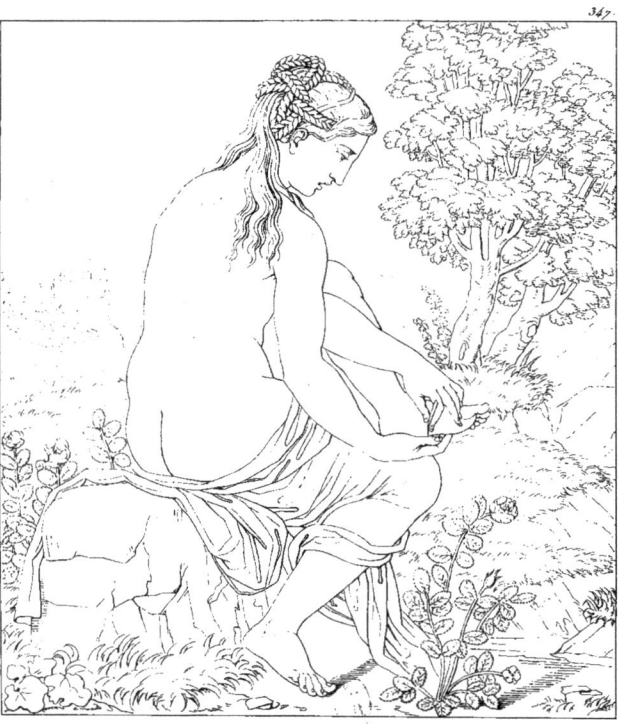

La Bas sc.

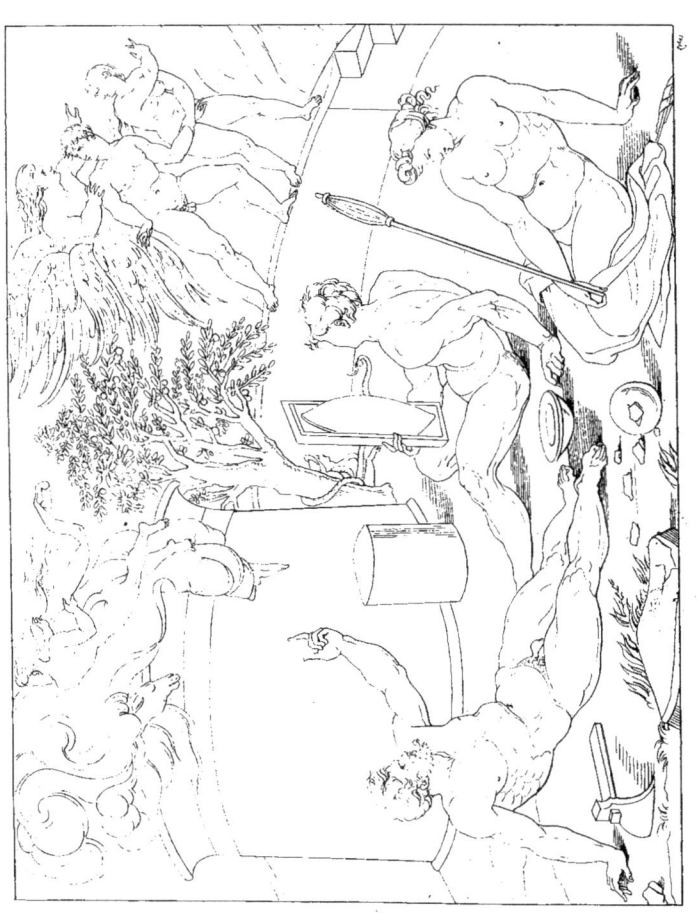

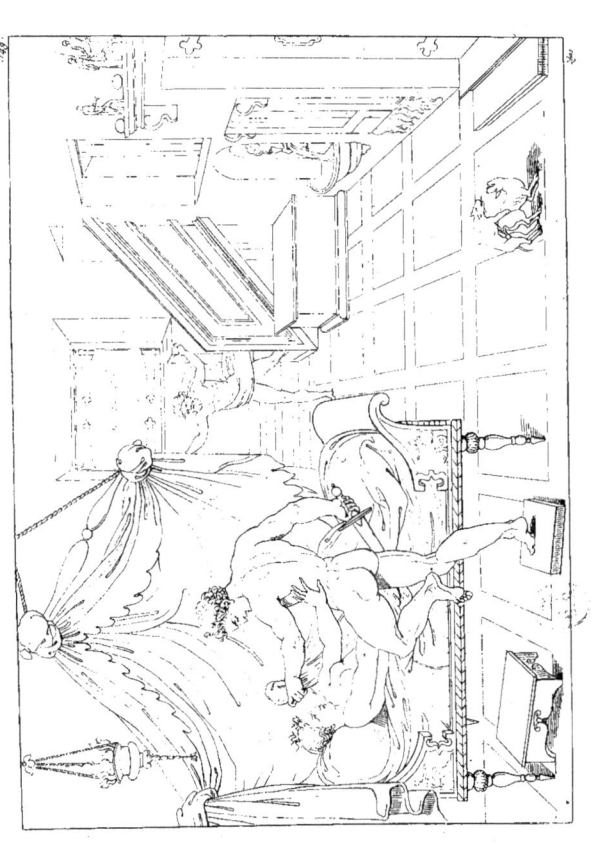

SUITE

DE

LA TABLE DES PLANCHES

DE L'ŒUVRE DE RAPHAËL.

PL. CCXXXVII. Neptune calme les Flots soulevés par les Vents.
Cette pièce capitale, singulièrement composée et distribuée, repré-
sente plusieurs sujets tirés de l'Énéide : elle est connue sous le titre de
Quos Ego, à cause du sujet qui tient le milieu de la pièce. Elle a été
gravée par *Marc-Antoine*, et, depuis, retouchée avec le nom de
Salamanque.

PL. CCXXXVIII. Martyre de S. Jean devant la Porte Latine.
Cette composition est la même que celle du martyre de Sainte Félicité,
par Raphaël : il n'y a d'autre différence que celle de la figure prin-
cipale. Grav. *Marc-Antoine; Gantrel*.

PL. CCXXXIX. Joseph amené de la Prison devant le Roi. Cette
composition et celles des treize planches suivantes, dont les sujets,
excepté les trois derniers, sont tirés de l'Ancien et du Nouveau
Testament, ont été exécutées en camaïeu, d'après les dessins de
Raphaël, dans les bordures des tapisseries du Vatican. *Pietro
Sante* en a gravé la suite complète.

PL. CCXL. Moyse fait rentrer dans leur lit les Flots de la
Mer-Rouge. Grav. *Id.*

PL. CCXLI. Le Seigneur donne les Tables de la Loi a Moyse.
Grav. *Id.*

PL. CCXLII. L'Annonciation. Grav. *Id.*

PL. CCXLIII. Jésus-Christ donne les Clefs a S. Pierre. Grav. *Id.*
Cet sujet a encore été gravé à l'eau-forte par un anonyme, et en clair-
obscur par *Hugo da Carpi*. Il l'a été, avec quelques changemens,
par des anonymes, par *Beatricet*, et enfin par *Dorigny*, dans la
collection d'Hamptoncourt.

PL. CCXLIV. La Pêche Miraculeuse. Grav. *Pietro Sante Bartoli*.

PL. CCXLV. Jésus - Christ, ressuscité, retourne a Jérusalem.
Grav. *Id.*

PL. CCXLVI. S. Paul, partant pour Jérusalem, se sépare des
Prêtres éphésiens. Grav. *Id.*

PL. CCXLVII. 1. Festus fait amener devant lui S. Paul, accusé
par les Juifs. 2. Des Éphésiens ayant entendu la parole de
S. Paul, reçoivent le Baptême. Grav. *Id.*

PL. CCXLVIII. La Chute de Simon le Magicien. Grav. *Id.*

PL. CCXLIX. 1. S. Paul prêchant a Éphèse. 2. Les enfans d'Israel
achèvent le voile du Tabernacle.

Pl. CCXCIX. Bataille de Constantin-le-Grand contre Maxence. On voit, d'un côté, Constantin à la tête de son armée, poursuivant, une javeline à la main, les ennemis, qui fuient devant lui, et tâchent de passer le pont; sur le devant, dans les eaux du Tibre, on reconnaît Maxence, monté sur un cheval, et près de se noyer.

Ce tableau, remarquable par la variété, la grandeur et la richesse de la composition, orne la salle dite *de Constantin*, au palais du Vatican. Après avoir fait tous les cartons des peintures de cette salle, Raphaël se disposait à peindre à l'huile cette célèbre bataille, et déja il avait exécuté deux figures latérales représentant la Justice et la Bienveillance, lorsque la mort l'arrêta dans le cours de cette belle entreprise. Ce fut Jules Romain qui la continua par ordre de Clément VII. L'appareil préparé pour la peinture à l'huile fut abattu, et tout fut exécuté à fresque, à l'exception des deux figures qui étaient de la main de Raphaël, et qui furent conservées. Grav. *J. B. de Cavalleriis; Scalberge; Acquila; Woiriot; Pavilon;* autre, *inconnu*.

Pl. CCC. Le Miracle des cinq Pains. Immense et admirable composition, dont on ignore la destination et l'origine (1). Grav. *Gianbatista de Cavalleriis; Nolin.*

Pl. CCCI. Apparition de la Croix a Constantin, lorsqu'il haranguait ses soldats avant d'aller combattre Maxence. Ce tableau, placé dans la salle de Constantin, près de la Bataille contre Maxence, a été également exécuté à fresque, d'après les dessins de Raphaël. Grav. *Acquila.*

Pl. CCCII. Le Baptême de Constantin-le-Grand. Cet empereur reçoit le baptême des mains de S. Sylvestre, représenté sous les traits de Clément VII. Le pontife baptise Constantin dans les mêmes fonts qui sont encore aujourd'hui à Saint-Jean-de-Latran, et que l'empereur fit construire à cette occasion. On attribue l'exécution de cette fresque, placée vis-à-vis de la précédente, à François Penni, dit *le Fattore*, élève de Raphaël. Les peintures de la salle de Constantin furent terminées en 1524. Grav. *François Acquila.*

Pl. CCCIII. Jésus Prêchant dans la Barque. Grav. *Jean Audran.*

Pl. CCCIV. Le Parnasse. Tel est le titre de ce tableau, qu'on voit dans la troisième chambre de Raphaël, l'une des deux chambres de la Signature, au Vatican. Il représente le Mont-Parnasse, où l'on aperçoit les neuf Muses, avec Apollon qui joue d'un instrument. Au-dessous, et de chaque côté, sont plusieurs poètes, tant anciens que modernes, Homère, Virgile, Ovide, Ennius, Tibulle, Catule,

---

(1) Lorsqu'à l'indication du sujet on ne joint pas ici quelque autre indication, soit de la nature de l'exécution, soit du lieu où l'original est conservé, c'est qu'on n'a pu s'en procurer aucune. La collection immense des ouvrages de Raphaël présente de nombreuses incertitudes; quelques-uns même de ces originaux ne se retrouvent plus : mais lorsqu'ils ont été gravés par des contemporains, avec le nom du maître, on ne peut douter de leur authenticité.

Battista Franco, peintre vénitien, et paraissent avoir été destinés à être exécutés en stuc. *Inédit.*

Pl. CCCXVII. Le Prix de la Victoire. Trois jeunes filles présentent une couronne et des palmes à une de leurs compagnes qui vient de remporter le prix. Dessin *inédit.*

Pl. CCCXVIII. Eve présente la Pomme a Adam. Dessin *inédit.*

Pl. CCCXIX. Quatre Portraits. Le premier représente Alphonse d'Est, premier du nom, duc de Ferrare. Grav. *Van-Dalen.*

Le second est celui d'un jeune homme âgé de quatorze à quinze ans, coiffé d'un bonnet noir en forme de toque. On le voit au Musée Napoléon. Grav. *Edelinck; Esquivel.*

Le troisième portrait représente le comte Balthazar Castiglione, ami de Raphaël; il est peint sur bois, et a de hauteur deux pieds cinq pouces sur deux pieds deux pouces de largeur. Grav. *Persinius; Nicolas Edelinck.*

Le quatrième portrait est celui du cardinal Jules de Médicis. Hauteur, deux pieds et demi; largeur, deux pieds. Il provient, de même que le précédent, de l'ancien cabinet du roi. L'un et l'autre font maintenant partie du Musée Napoléon.

Pl. CCCXX. Etudes de Portraits. Ces trois dessins sont tirés du cabinet de M. Denon. Le premier est un croquis fait au crayon, d'après nature; le second, un carton composé pour peindre à fresque une demi-figure qu'on croit être un S. Bruno : les contours du dessin sont piqués, et prouvent que l'on en a fait usage; le troisième offre le portrait d'une femme vue de profil : on croit y retrouver les traits de la maîtresse de Raphaël. *Inédits.*

Pl. CCCXXI. Le Triomphe de Galathée, peint à fresque au palais Ghigi, à Rome. Marc-Antoine en a fait deux estampes, une grande et une petite. Autres graveurs : *Goltzius,* 1592; *Nicolas Bocquet; Nicolas Dorigny; Bernard Picart; Dominique Cunégo,* 1771.

Pl. CCCXXII. Vénus et Vulcain. Grav. *A. Ghisi,* dit *Georges Mantuan.*

Pl. CCCXXIII. Enée et Anchise. Grav. en clair-obscur, *Ugo da Carpi* 1518; *Beatricet.*

Pl. CCCXXIV. S. Jean-Baptiste dans le Désert. Tableau du cabinet du roi, peint sur toile; hauteur, environ quatre pieds. Grav. *Simon Vallée.*

Pl. CCCXXV. La Sainte-Famille. Tableau du cabinet d'Orléans, maintenant en Angleterre. Grav. *Ch. Flipart; Louis Petit.*

Pl. CCCXXVI. La Vierge et l'Enfant-Jésus. Etude d'une partie d'un grand tableau représentant la Vierge, l'Enfant-Jésus et plusieurs Saints, qui était autrefois au Musée Napoléon, et qui a été donné depuis à l'académie de Gand. Grav. *J. G. Raber.*

Pl. CCCXXVII. La Sainte-Famille. Tableau du cabinet d'Orléans. Grav. *Œgid.Rousselet; Jean Raimond.*

Pl. CCCXXVIII. Le Repos en Egypte. Grav. *Bonasone.*

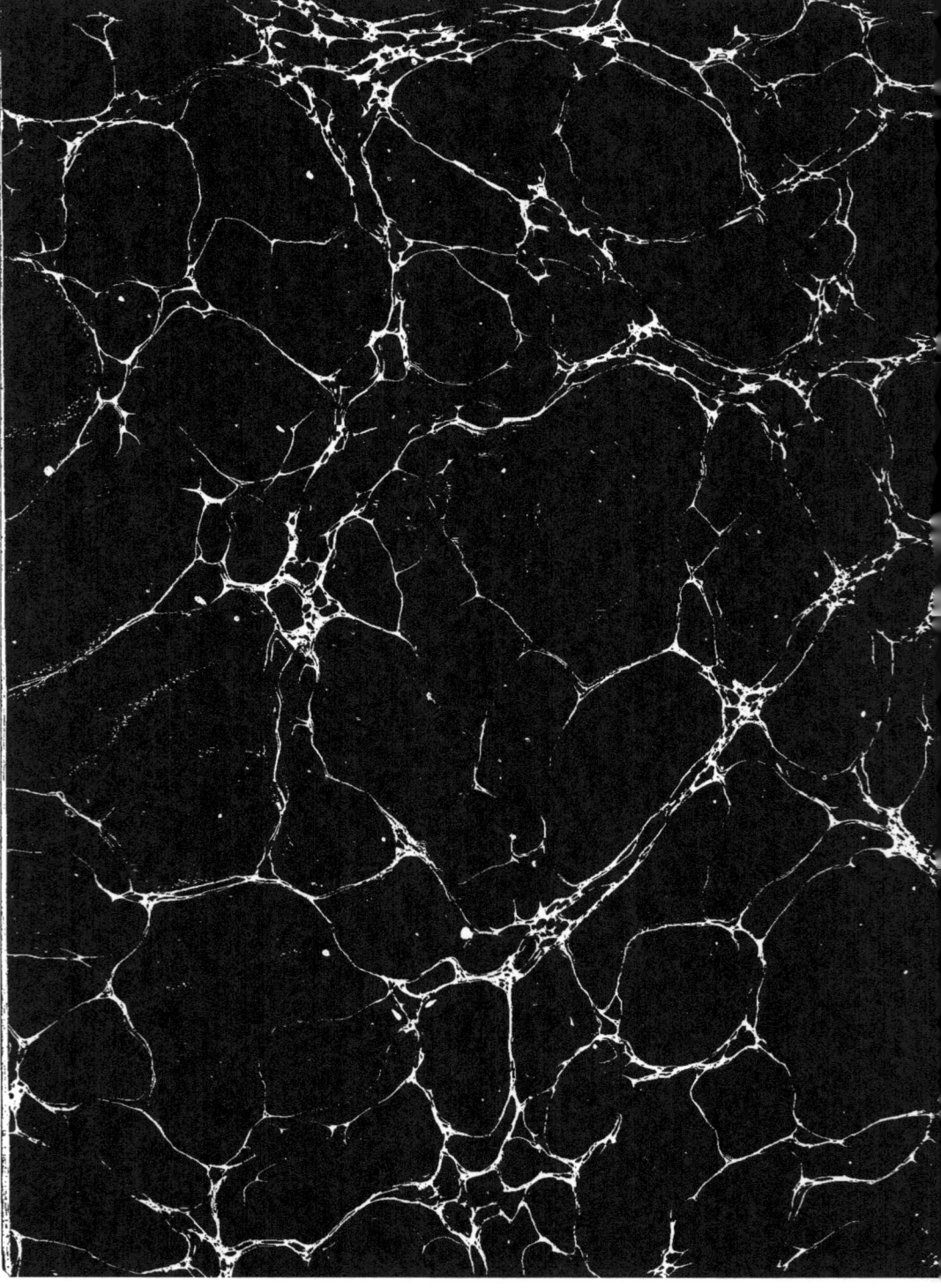

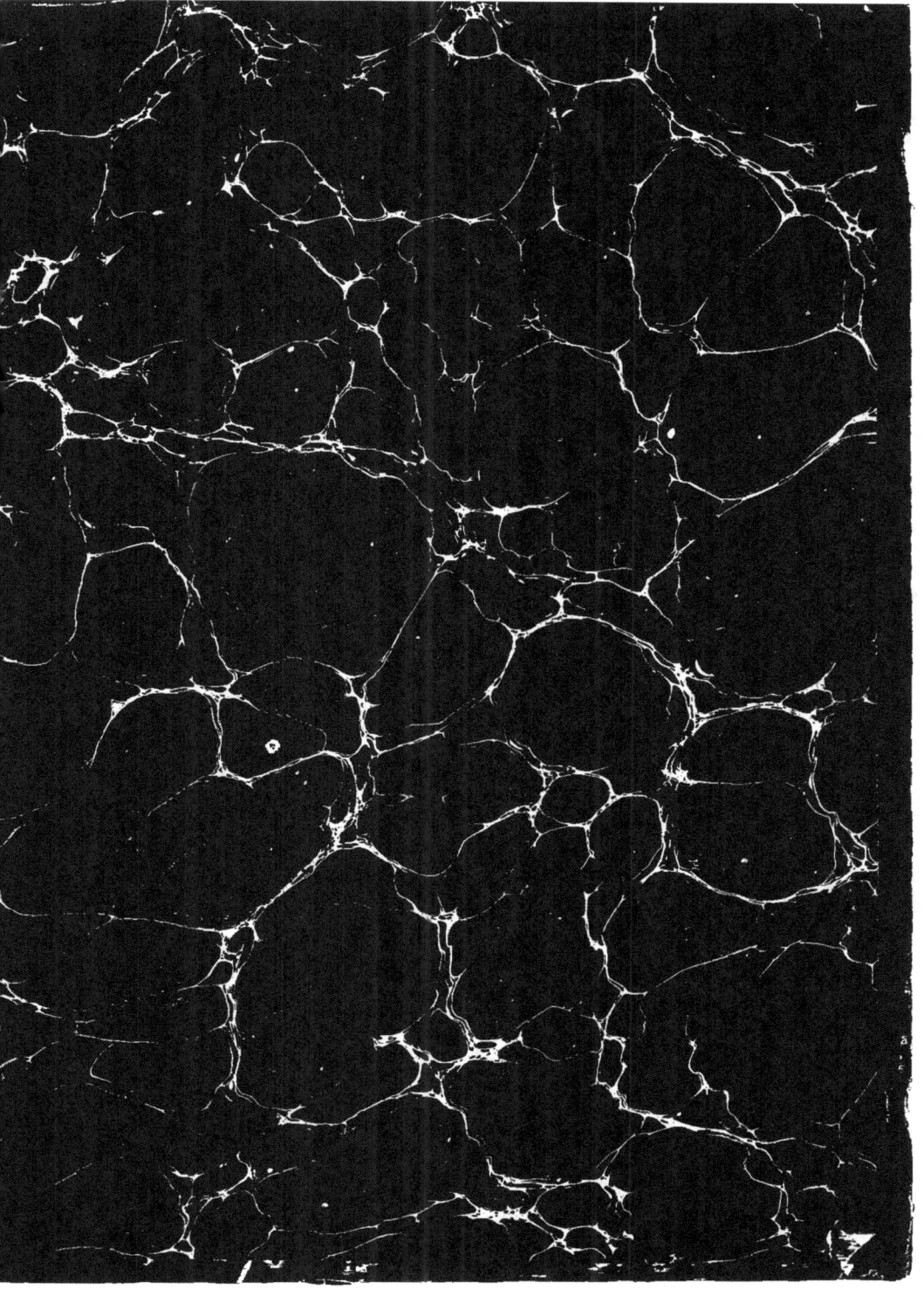

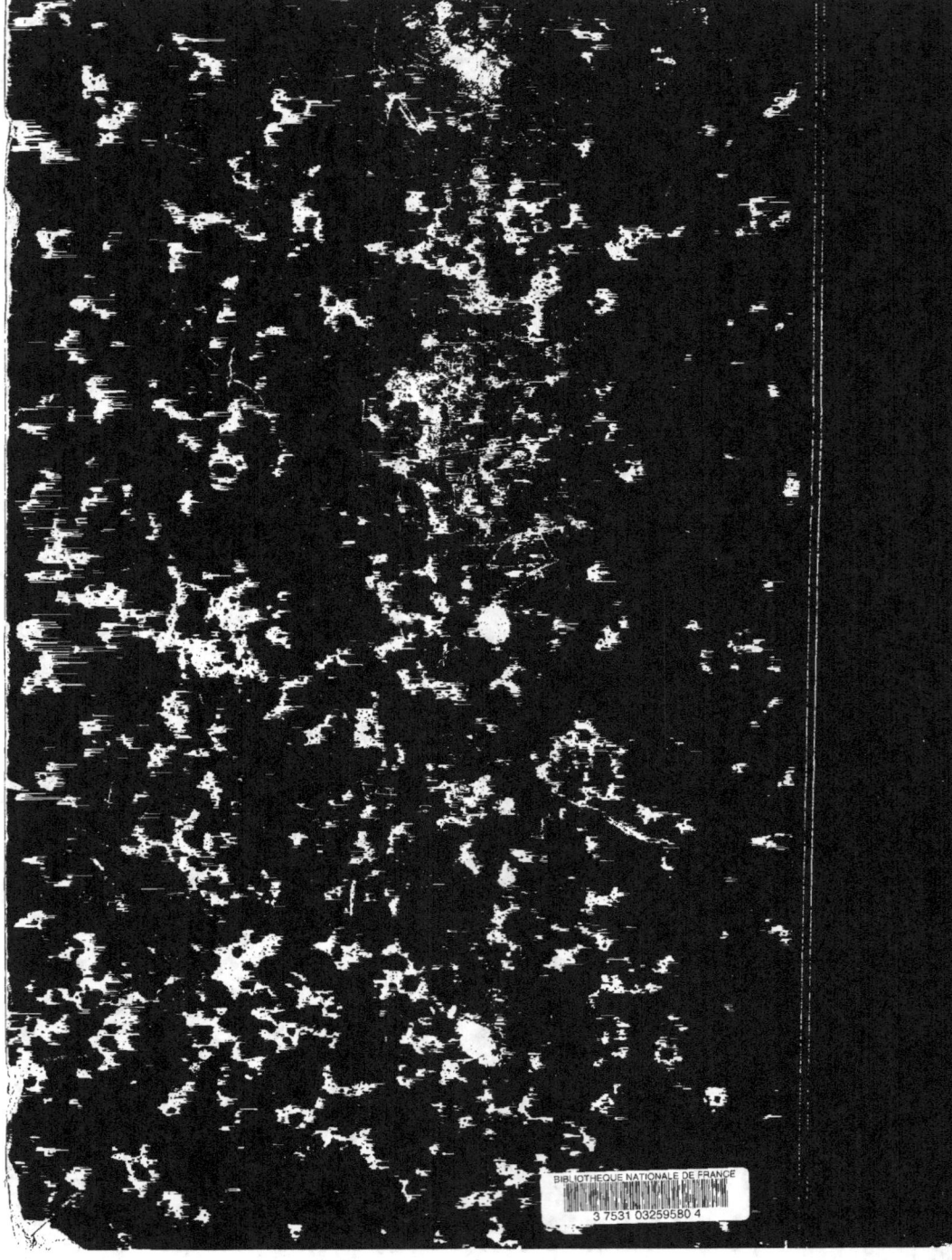